森山卓郎 編

日本語・国語の話題ネタ
実は知りたかった日本語のあれこれ

ひつじ書房

はじめに

　本書は、日本語（国語）に関わる様々な話題を気軽に読んで頂けるようにまとめたものです。
　ちょっとした表現の中に、言葉の歴史が関わっていたり、いろいろな言葉の「仕組み」が絡んでいたりすることがあります。例えば、「蔵人」はなぜ「くろうど」と読む？　「ピアノをひく」と「風邪をひく」は関係がある？　国語辞典で真ん中のページはどの音？　「愛する」と「恋する」の文法上の違いとは？　「スパゲッティ」は単数形？　複数形？——そうしたちょっとした小話も、ふだんの生活や国語・日本語の学びを楽しくします。また、言葉に関する教科である「国語」では、漢字や熟語、仮名遣いの問題など、さまざまに知っておくべきことがらもあります。
　本書では、音声、文字表記、語彙、文法、といった様々なトピックごとに、「ちょっと話したくなる言葉の豆知識」、「雑談などで使える小ネタ」、「実はちょっぴり聞きたかった疑問点」、「どうでもいいけど知っておくと楽しいトリビアルなことばの知識」などを集めています。特に前提となる知識も要りませんので、どなたでも気軽に読んで頂けるはずです。言葉にご関心のある方々全般に読んで頂けるのはもちろんですが、小学校、中学校、高校などの国語に関わる先生方や日本語教育の先生方の授業での「小話のネタ」にもして頂けます。国語学概論などの授業のサブテキストのように使って頂くこともできます。
　本書を読んで頂く中で「日本語という言葉」のおもしろさを味わって頂けましたらまことにうれしくありがたく思います。
　　　　　　　　　　　　　　　　　　　　　　　　　　（森山卓郎）

目次

第1章　日本語の「音」

1　「あかさたな」という順番 2
　　〈コラム1〉　カ行の笑い 5
　　〈コラム2〉　子どもが発音しにくい音 5
2　五十音図に穴があるのはなぜ――「ゐ」と「ゑ」のなぞ 6
　　〈コラム3〉　小学生の文解釈と音声 9
3　「雨」と「飴」、「雨！」と「雨？」――アクセントとイントネーション 10
4　言葉のリズムとアクセント 12
5　昔「をとこ」は若かった？ 14
6　「十本」の読み方 16
　　〈コラム4〉　音の入れ替え 17

第2章　日本語の表記と文字

1　「通り」は「とおり」？「とうり」？――仮名遣い再入門 20
2　「ドッジボール」を平仮名でどう書く？ 22
　　〈コラム5〉　読みにくい地名 23
3　訓読みの謎――「時計」はなぜトケイ？「春日」はなぜカスガ？ 24
4　「必」はなぜ「心」に「ノ」ではないの？――漢字の書き順 26
5　なぜ「博」に点があって「専」に点がないの？ 28
　　〈コラム6〉　8064通りの書き方ができる文？ 29
6　間違いやすい漢字――「日」と「曰」はどう違う 30
　　〈コラム7〉　「せいじしきんきせいほう」はどう書く？ 31
7　みんなで間違う漢字？ 32
8　「申し込み」？「申込」？「申込み」？――送りがなの規則 34
9　新聞から日本語を考えよう――漢字と仮名 38
10　新聞で多く用いられる文字とは？ 42
　　〈コラム8〉　回文 45
11　語の表記と人権意識――「子ども」「障がい」 46

v

〈コラム9〉　新しい常用漢字 47
12　蔵人はどうして「くろうど」なの？ 48
　　　〈コラム10〉　じぢずづ　「地面」は「じめん」か「ぢめん」か 49
13　高校入試の読み取りの漢字問題を分析する 50
14　高校入試の書き取りの漢字問題を分析する 52

第3章　日本語の語彙

1　多義語と意味の広がり──なぜ風邪もピアノも「ひく」の？・
　税金も国も「おさめる」？ 56
2　わくわくオノマトペ（擬音語と擬態語）！ 58
　　　〈コラム11〉　「じゃがバタ」の謎？ 61
3　季語の世界は「四季」ではない？──言葉と季節 62
　　　〈コラム12〉　号令ことばの地域差 64
　　　〈コラム13〉　季語と俳句 65
　　　〈コラム14〉　中学生は季語をどうとらえるか 65
4　外来語よもやまばなし 66
　　　〈コラム15〉「ジャージ」の語源と「瀬戸物」の語源の共通性？ 67
5　スパゲッティとパスタ 68
6　ブーツとスニーカー 70
7　アカ（閼伽）とアクア 72
8　メガ・ミクロ・ギガ・ナノ 74
　　　〈コラム16〉　わかりにくい外来語 76
　　　〈コラム17〉　国語辞典を引いてみよう 77
9　国語辞典のまんなかの字？ 78
　　　〈コラム18〉　国語辞典のトリビア　仮名ベスト10、長い語ナンバーワン 81
10　国語辞典の語釈を比べる 82
11　試験に出る四字熟語──実際にはどの程度使われているのか 84
　　　〈コラム19〉　新聞で使われる四字熟語 86
　　　〈コラム20〉「アメニモマケズ」の「ヒデリ」 87

第4章　日本語の文法

1 「ら」抜き言葉と「さ」入れ言葉 90
　〈コラム21〉「と」と「や」... 93
2 「はらった」でなく「はろ（う）た」？——関西方言の文法................ 94
　〈コラム22〉　はる敬語 95
3 長野の方言「水くれ当番／行くしない」... 96
　〈コラム23〉　水くれ係 98
　〈コラム24〉　文法用語の背景　「体言」？「名詞」？............................ 99
4 国語の先生が困る文法の質問？.. 100
　〈コラム25〉「ありがとうございます」の過去形.................................... 103
5 「愛する」と「恋する」の文法上の違いとは？.. 104
　〈コラム26〉　一字の漢語＋する 105
6 読点「、」の打ち方と、文法 106
　〈コラム27〉「青い鳥かご」と「おいしいお米コーナー」..................... 111
7 曖昧文ワールド 112
　〈コラム28〉　ない本はない!? 114
　〈コラム29〉「を」の呼称 115
8 副助詞の働き 116
9 文法上の注意点（1）——二重の接続 118
　〈コラム30〉「なんでやねん」の不思議 121
10 文法上の注意点（2）——主語と述語 122
　〈コラム31〉　方言の動詞活用 125
11 入試の文法問題（高校入試編）.. 126
　〈コラム32〉　昔話の結末句 129
12 姓・名と名・姓（発想と語順）.. 130
　〈コラム33〉　地名と語順 131
13 敬語の分類 132
　〈コラム34〉　過剰敬語（二重敬語）とは？... 135
13 「寒くありません」？「寒くないです」？... 136

ブックガイド 138

第1章
日本語の「音」

まず日本語の発音について考えてみましょう。それぞれの発音の仕組みは、文字にも密接に結びついています。音読をする場合でも、発音の仕組みに注意をすることは必要です。

1 「あかさたな」という順番

「あかさたな」の順ですが、これには発音のしくみが隠されています。ちょっと見てみましょう。

あいうえお
かきくけこ　　がぎぐげご
さしすせそ　　ざじずぜぞ
たちつてと　　だぢづでど
なにぬねの
はひふへほ　　ばびぶべぼ　　ぱぴぷぺぽ
まみむめも
やいゆえよ
らりるれろ
わいうえを

　これが五十音表ですが、並び方について考える場合、そのしくみが一番よくわかるのがウ段です。「うくすつぬふむ」まで発音するとおもしろいことに気づきます。発音が後ろから前へ少しずつ移動してきているのです。
　では、具体的に確かめてみましょう。まず、「う」は母音です。何の邪魔もしないそのままの発音です。カ行の「く」は口の奥の方で閉じる音です。
　一方、「す」は舌先が歯の裏側あたりにきた音で、ぴったりくっつく

手前の音です。いわば音が擦れる発音です。それがくっつくと「つ」になります。ただし、[tu]、[tsu] で少し違いがあり、後者の音、すなわち、ふつうの「つ」はすこし擦れる音が残ります（破擦音と言います）。訓令式ローマ字では、タ行はすべて t を使うというように整理してありますので、tu と書きますが、英語式の発音に少し近づけたヘボン式ローマ字では tsu と書きます。

　次の、「ぬ」の位置もほぼ同様で、舌先が前歯の裏側あたりに接触し、一瞬ですが、鼻に音が逃げる感じがします。「す、つ、ぬ」はかなり近いところで音の調整をします。

　「ふ」「む」はほぼ唇の音です。「ふ」の子音は唇を閉じないで唇のすきまから息が逃げていくときに擦れる音です。「む」の場合は唇を閉じて、そのぶん、鼻に音を逃がす音です。

　ちなみに、濁音と半濁音の「ぶ」「ぷ」も唇の音で、どちらも、唇をいったん閉じて、ぽんと開けるときの音です。「ぶ」の場合、同じ口の形でも、すこし母音の音がもれています。完全なひそひそ声では少し言いにくく、のどに手をあてると、子音の部分でも声帯のあたりで声が出ていることがわかります。有声音といいます（ほかの行の濁音も同様です）。「ば」行と「ぱ」行はこの点で同じところで発音する音として、うまく対応しています。「ふ」の場合完全に閉じるわけではないので、少し発音の仕方が違うのですが、大きく見ればほぼ同じく唇のところでの発音と言えます。

　おもしろいことに、これに対する清音の「はひへほ」は完全に違う所の音で、いずれも喉の奥の方の音になっていて、発音場所が違っています。ただし、発音の仕方としては、「はひふへほ」のいずれも、空気の通り道を狭くした音（摩擦音）です。

　このように考えると、「あかさたなはま」行の、特にウ段の音については、発音する場所が後ろから前へ移るような順で並んでいると言えそうです。ただし、前述のように、ハ行は注意が必要で、「ふ」以外は喉のあ

たりの音となっています。歴史的に変遷があり、中世まで、ほかのハ行音も「ふぁ、ふぃ、ふぇ、ふぉ」のような音だったとされています。現在では、「ふ」だけがその古い発音に近くて、ヘボン式ローマ字ではfuと書きます（ほかの音は、hを使います）。

　次の「や、ゆ、よ」ですが、これは舌や唇が大きく動く音と言えるかもしれません。「や」は「い」のいわゆる半母音で、「い」の構えを作ってからア段の音として「あ」の形に動かします。口を少し開けるように動かしたり、舌の奥のあたりを比較的大きく動かしたりします。ラ行は舌を少しはじく音です。最初に舌を少し折り曲げるようにして、それを下の方へべろんとはじくようにします。一方、「わ」は「う」の半母音で、「う」の構えを作ってから同じく「あ」の形に動かします（6ページ参照）。ふつう唇のあたりが動きます。

　これらも、舌や唇の動きという見方で考えれば、特によく動く部分が後ろから前に移動してきていると言えそうです。

　このように見てくると、五十音図という図は、発音の仕組みをよく考えたものと言えそうです。五十音図の故郷は昔のインドと言われています。

　なお、濁音でみていくとおもしろいのが「じ、ぢ、ず、づ」です（コラム10参照）。「じ」と「ぢ」、「ず」と「づ」は、それぞれ、ほとんどの地域で区別をしません（この四つの仮名を「四つ仮名」と呼びます）。発音でも仮名遣いでも、「じ、ず」の方を使います。さらに、東北地方の一部の伝統的な方言のように、「じ、ず」だけでなく「し、す」の区別もしないところもあります（最近の若い世代では共通語化が進んでいて区別をするようになっているようですが）。津軽出身の太宰治の小学校時代の作文を見たことがあるのですが、「〜ました」と書くべき所で「ますた」と書いてありました。

（森山卓郎）

コラム ❶ 力行の笑い

「呵々大笑(かかたいしょう)」という言葉がありますが、『今昔物語』の擬音語では、「カカ」は化け物の笑い声です。豪傑や天狗は「カンラカラカラ」と笑います。笑い声は、現在では「ははは、ひひひ、ふふふ、へへへ、ほほほ」、というようにハ行が多いのですが、かつては力行も多かったようです。そういえば、「ケケケ」はいたずら者の意地悪な笑い声、少し笑うときは、「クス」、こらえきれず漏れるときに「ククク」など、現在でも力行での笑い声があります。

ちなみに、現在、泣き声は「くくく」という表現で表されることがありますが、狂言で泣きの所作は、袖で顔を覆い「カァ」と声を出すことだとされています。

(川端元子)

コラム ❷ 子どもが発音しにくい音

早口ことばは調音点（発音するときの舌の位置）が前後にゆさぶられるものが多いようです。「竹藪に竹立てかけた」では「た」は前「か」は後ろと振り回されます。「赤パジャマ茶パジャマ黄パジャマ」は発音するのに唇から上あごの後ろまで使うものです。「東京特許許可局」や「武具馬具武具馬具三武具馬具」のように、ごく近い場所でゆさぶられるのも言いにくいですね。

幼児は一般に摩擦音、すなわち、サ行やハ行の音が発音しにくいようです。狭いところを通すような微妙な調整があるからです。発音しにくいものは発音しやすい音に代用されます。そこで、「くまさん」が「くまたん」になったりするのです。「すき」の場合も、摩擦音ではなく、閉鎖が起こって、破擦音となり、「ちゅき」になります。

(川端元子)

2 五十音図に穴があるのはなぜ

「ゐ」と「ゑ」のなぞ

　旧仮名遣いでは「ゐ」「ゑ」という字が出てきます。一方で、現代語の五十音図では、たくさんの「穴」があります。例えばヤ行では、「や○ゆ○よ」のように二つの「穴」があり、ワ行でも、「わ○○○を」のように三つの「穴」があります。このうち、「を」は、現代でも助詞の「を」として仮名は残っていますが、音の区別はありません。

　これらはどう整理できるのでしょうか。これには発音の仕組みも関わっています。まず、ワ行から見ていきましょう。歴史的仮名遣いでは、ワ行は、「わゐ○ゑを」となっています。「ゐ」「ゑ」、すなわちカタカナで書く「ヰ」「ヱ」も、ともにワ行の字です。ちなみに、「ゐ」は「為」のくずし、「ゑ」は「恵」のくずしからできた字です。これで穴は真ん中の一つだけとなりました。

　しかし、この穴には理由があると言えます。それは、ワ行がウの半母音だということです。ウの半母音に続けて「あ」を発音すると「ワ」になることから、このことはわかります。これに、「う」をつなげても響きは同じです。同じ響きであることと、ウ段に穴があることとは関わりがありそうです。

　では、ヤ行はどうでしょうか。同様に、ヤ行はイの半母音です。イに続けて「あ」を速く発音すると、「や」ができますし、同様に、イの半母音に「う」を続けると「ゆ」になります（「言う」の仮名表記では、「いう」と書いて「ゆう」と読むのですが、こうした音のしくみと関わっています）。このように考えると、イの半母音であるヤ行において、やはり同じ響きのイ段に穴があるということも位置づけられそうです。

では、もう一つの「穴」はどうでしょうか。ヤ行エ段にもう一つ穴があるのですが、実は、ヤ行のエ段は平安初期までは区別されていて、穴ではなかったと考えられています。平安時代初期の、

　　あめ（天）つち（土）ほし（星）そら（空）やま（山）かは（川）みね（峯）
　　たに（谷）くも（雲）きり（霧）むろ（室）こけ（苔）ひと（人）いぬ（犬）
　　うへ（上）すゑ（末）ゆわ（硫黄）さる（猿）おふせよ（生ふせよ）えのえ
　　を（榎の枝を）なれゐて（馴れ居て）」（ほかの読み方も提案されています）

という、「いろはうた」のように全ての文字をつくしたとなえことばである「あめつち」（源　順（みなもとのしたごう）という平安時代初期の学者による）には、「え」が二度出てくることなどもよく知られています。
　すべて漢字で日本語の音を表す万葉集でも、ア行の「え」に対して「衣、榎」などの字が、ワ行の「ゑ」に対して「恵、衛」などの字が、ヤ行エ段の音には「吉、叡」などの字が当てられています。
　こう考えて、ヤ行のエ段の音を仮に「エ」と書くとすると、歴史的仮名遣いの五十音図のヤ行とワ行は、平安時代初期の形では、

　　や　○　ゆ　エ　よ
　　わ　ゐ　○　ゑ　を

という、同じ響きの母音部分に穴があるだけの形だったと言えます。
　ところが、平安時代中期に仮名が成立・定着した時、このヤ行の「え」という音は区別されていませんでした。すでに平安時代初期に区別がなくなっていたのです。ですから、いろは歌ではこのヤ行の「エ」はありません。すなわち、

　　いろはにほへと　ちりぬるを　わかよたれそ　つねならむ　うゐの

第1章　日本語の「音」　7

おくやま　けふこえて　あさきゆめみし　ゑひもせす

となっています。歴史的仮名遣いはこの段階の仮名の書き分けをしますので、「ゐ、ゑ、を」という字は使い分けるという仮名遣いとなっています。

　　ゐのしし（猪）、　こゑ（声）、　をながとり（尾長鳥）

のような言葉では「ゐ、ゑ、を」を使います。さらに、その後、ワ行の「ゐ（片仮名ではヰ）」「ゑ（片仮名ではヱ）」の区別がなくなった関係で、「穴」がたくさん空いてしまったということになります。

　ちなみに「エビスビール」というビールがありますが、商標では「ヱビスビール」と書いてあります。この「ヱ」はワ行の字ですので、そのままローマ字にするのであれば、WEBISU BEER となるはずです。しかし、ビールの缶には YEBISU BEER と書いてあります。ヤ行の「エ」のように思えますが、ヤ行のエは平安時代初期にすでに区別がなくなっているのでした。そしてワ行のヱも平安時代後期に区別がなくなっています。

　会社に確認したところ、中世末以来、ヨーロッパの人たちは「エ」という音を YE で表していたので、「エビス」という音を「YEBISU」という書き方で表したということでした。確かに「江戸」は古いヨーロッパの地図では「YEDO」と書かれていることがあります。旧仮名遣いに関連することではなく、あくまで音を表すということのようです。

（森山卓郎）

　　［参考文献］　杉藤美代子・森山卓郎　2007『音読・朗読入門』岩波書店

コラム ❸ 小学生の文解釈と音声

　小学生のみんなが必ずしも正確な文の理解ができているとは限りません。次はその一例で、音声的な情報がないために意味がきちんと受け取られていないと考えられます。

　AくんはBさんをさがしています。運動場の近くで、Dさんに「Bさん、どこか知っている？」とたずねると、「Bさんは運動場であそんでいるじゃない」といいました。
　《問題》Dさんが言いたかったことはどんなことですか。
　[　]①Bさんは運動場にいない
　[　]②Bさんは運動場にいる
　[　]③Bさんは運動場にいると思うけれどわからない
　[　]④Bさんは運動場にいないと思うけれどわからない
　[　]⑤こたえられない

　答えは②ですが、正答率は小学校6年生でも6割程度、3年では3割でした。文字だけの情報から意味をしっかり受け止めるようにしていくには一定の訓練ないし学習が必要だと言えそうです。
（森山卓郎）

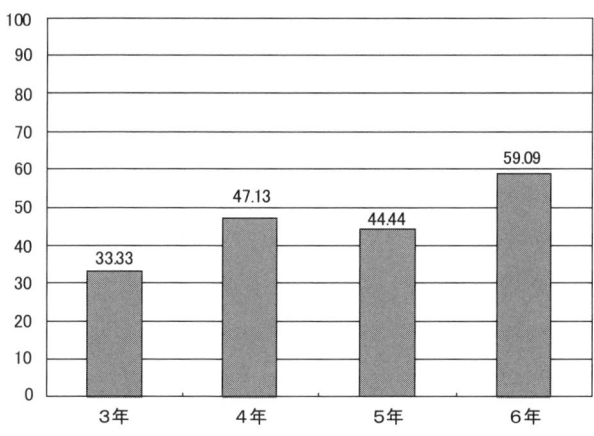

正答率

3
「雨」と「飴」、「雨！」と「雨？」
アクセントとイントネーション

(1)「もももも」？

　音を出すとき、まず最初に問題になるのは、区切りです。語の意味に応じた「間」のとり方ができるかという問題は、ポーズ（区切りや間）と言われます。このことを考えるために、次の文字を読んでみましょう。

　　　もももももすもももももももすもももももものうち

これは、区切りがないとまったくわかりにくい表現です。が、

　　　ももも、もも。すももも、もも。ももも、すももも、もものうち。

のように区切りをつけると、それぞれの言葉がはっきりとわかります。しかし、音の高さも重要なポイントです。高い音を太い字で表します。

　　　もももももすもももももももすもももももものうち

のように発音すればどうでしょうか。たとえ区切りがなくても、アクセントに注意して発音すればそれなりに意味のまとまりがわかります。アクセントとは語ごと（文節ごと）に決まった音の高さのことです。例えば、共通語の「雨」「飴」の発音の違いなどはアクセントです。「あ」が高いと「雨（あめ）」、「め」が高いと「飴（あめ）」になります（共通語では、最初の音と次の音の高さが違います）。

アクセントは語によって決まっていますが、語の形によって決まることもあります。例えば、共通語では、「〜ます」という形の場合、どんな動詞でも、「ま」の後で音が下がります。「あるきます」「やすみます」「熱します」「来ます」「暮れます」「見ます」「勉強します」など、どれも、「ま」の後に下ります。
　アクセントの方言差も興味深いことです。例えば関西方言では、

　　隣の友達のおじさんとおばさんが、仕事でさんまとはるさめを置いているあの桜色の上等の机を、知りませんか。

という文は、全部同じ高さで発音されます。関西方言はアクセントのしくみが複雑なのですが、一方、九州南部（都城など）の方言のように一つのパタンになる方言もあります。東北方言の一部の伝統的な方言のようにアクセントの区別をしない方言もあります。

(2) イントネーション

　もう一つ、音の高さの調整にはイントネーションもあります。イントネーションは、節や文のレベルで、意味に関連して調整される音の高さです。
　同じ「雨」でも「雨！」という時と「雨？」という時とでは発音が違います。このように意味に応じて調整するのがイントネーションです。ふつう、イントネーションは文のレベルで問題になります。
　「来たか」の「か」も、上げるか下げるかで疑問になるかどうかが違うことがあります。例えば、「来たか？↑」はふつう疑問文で解釈されますが、「来たか。↓」は、新たに知った（納得するような）意味で解釈できることがあり、尋ねる意味が出ないことがあります。　　　　（森山卓郎）

4 言葉のリズムとアクセント

　外国語を習得しようとするとき、対象とする言語と母国語を比較してその特徴を知り、異なる部分を重点的に学ぶのが効率的な方法だと考えられます。

　話し方の流暢さと聞き取りの力を養うときに必要なのが、言葉のリズムとそれを構成するアクセントの知識です。

　日本語と中国語とヨーロッパ系言語はアクセントの種類が大きく異なります。日本語と中国語は共に「高低アクセント」ですが、中国語（北京語）では4種類のアクセント（四声）が単語（漢字）の意味を左右する重要な役目を担っています。

　ヨーロッパ系言語は「強弱アクセント」です。英文の聞き取りが難しいのは、文の弱音にあたる冠詞や前置詞、個々の単語の語頭、語尾など、アクセントのない部分が弱く速く発音されるからです。さらに、ヨーロッパ系言語には「母音＋子音」という型の音節が多く、語尾子音が聞こえ難いのです。

　言葉のリズムを最もよく表現しているのが詩です。リズムを発展させたものが歌だとされるように、歌うことは言葉の暗記と合わせてリズムを体得できる効用があります。

　英語の歌詞の多くは強弱アクセントのリズムと脚韻をもっています。

　「ドレミの歌」の歌詞は―・―・―・―（強：―、弱：・）というリズムで、強声部分を付点音符で表現しています。ドイツ語によるゲーテの詩「野ばら」も同じ形のリズムと脚韻をもっています。脚韻は行の最後の音を合わせて、朗読の響きを美しくする修辞法です。

Do–Re–Mi

Doe – a deer, a female deer,

Ray – a drop of golden sun,

Me – a name I call myself,

Far – a long, long way to run,

(以下略)

Heidenröslein 野ばら

Sah ein Knab' ein Röslein stehn,
ザー アイン クナープ アイン レースライン シュテーン

Röslein auf der Heiden.
レースライン アウフ デル ハイデン

(以下略)

　「野ばら」の作曲者ウェルナーはこの詩のリズムに合わせて、6拍子の曲にしています。

　山田耕筰の「赤とんぼ」や「からたちの花」などの歌曲は、日本語の高低アクセント（標準型）がメロディーに生かされています。

　日本語では、音節が「子音＋母音」を基本に同じ強さで話されます。そのため英語などの弱音部分も無意識にきちんと発音してしまうのが問題点です。

（石田美代子）

5 昔「をとこ」は若かった？

　『土佐日記』（古くは「土左日記」と書きましたが）では、「をとこもすなる日記といふものを……」で始まります。
　「をとこ」は現代では「おとこ」と書きますが、10世紀頃まで「おとこ」と書かれることはなかったようです。「をとこ」が身分年齢に関係なく男性一般を指していたのです。現代には語頭に「を」が来ることはありませんが、これは単なる歴史的仮名遣いの問題ではありません。「女」の場合はそこが明確に使い分けられています。「をみな（女）」が若い女、「おみな（媼）」が年配の女です。「を」と「お」は併用されていたのです。「お」oと「を」woの音に応じた区別は10世紀以降に混乱するといわれています。
　もちろん、「お」と「を」にあたる仮名の元の漢字は同じではありません。『万葉集』では、「お」と読ませる仮名は「於」をはじめとして「意、隠、淤、応、大、乙」などです。一方、「を」としては「乎、遠、呼、小、尾、緒、麻、男、雄、緒」などが使われています。
　「お」と「を」という言葉そのものの使い方をみてみると、「お」の方は、大きいこと、老いなどを表す言葉によく見られます。例えば、「おとな」は「乙名」が、「お」で、ほかに「凡、大凡（おおよそ）」や「多し」などがあります。単純に言い切ることはできませんが、程度が大きいことや物事を立派だとほめたり敬意を表したりする言葉の中には「お」が使われていることがよくあります。敬語の接頭語も「お」です。さらには、ぼんやりしていることや漠然としていることを表す言葉の中にも使われています（例えば、ほの暗い様子を「おくらし」ということなど）。

一方、「を」は、程度の小さいことや後ろ、若いことを表す言葉でよく使われています。例えば「小倉百人一首」の「おぐら」は「をぐら」と書きました。「小」にあたる「お」は「を」が多いようです。ちなみに、趣がある、という意味の「をかし」も「を」の方が使われています。

　さて、「をとこ」と「おとこ」の関係は〈小〉と〈大〉の関係であり、「をとこ」は古くは若い男に対して使われたものだったのです。「をとこ」は若返ると言う意味を持つ「復つ（をつ）」が語源であるともされています。

　もっとも、「を」「お」の使い分けは鎌倉時代にはなくなって、藤原定家は自分が作品を書き写す時には、アクセントによって「を」と「お」を分けました。低いアクセントが「を」、高いアクセントのものが「お」としたのです。その結果「をとこ」「をしむ」「をかし」「くちをし」「をさない」「あをし」などの「を」は「お」に、「おくる」「おと」「おうな」「おきな」などの「お」は「を」に書き換えられました。これは定家仮名遣と言われます。のちに江戸時代になって、契沖が平安時代の使い方をきちんと参照して定家仮名遣いを修正しました（平安時代中期以前の文献を基にし、このようないきさつを経て成立した仮名遣いは、1946年に現代仮名遣いが公布されて以後は歴史的仮名遣い（旧仮名遣い）と呼ばれています）。

（川端元子）

6 「十本」の読み方

　漢字の音読みにおいて、二音節のものの二音節目の音韻は限られています。あれこれ試してみても「ン」「ー」「イ」「キ」「ク」「チ」「ツ」のどれかにおさまるのではないでしょうか。

　これは、日本に入ってきた子音語尾を持つ漢字音について、イ段やウ段という、狭い母音をつけたり、そのまま「ん」という発音を残したりしたからです。例えば、[ng]で終わる音の場合は「ー」（長音）として日本語で使われました。このように、漢字の音読みの場合の二つ目の音は、基本的に、これらのどれかにおさまるのです。

　「三」はもともと[sam]という発音でした。mという唇で出す音ですので、唇内発音語尾とも呼ばれますが、このタイプは[m][n]に分かれて定着しました。「汗衫（かざみ）」、「燈（とう）心（じみ）」、読みが「検」の字音から来ている「閲（けみ）する」などもその例です。「三郎（さぶろう）」と読むのも、「けむり」と「けぶり」のように[m][b]が交替するためであり、[m]の名残です。

　一方、「りんどう」の古い形であった、「龍膽（りうたむ）」の最後の音は「む」でしたが、『枕草子』の六七段で「りんだう」と表記されるのが見えるように[u]へと変化しました。同様のものに、「林」もあります。もともとは[lim]ですが、「林檎」が「利宇古宇」（『和名抄』という平安時代の辞書）のように記されているのが残っています。もっとも、現在では「りんご」となっています。

　一方、「冠」「昆」「戦」の終わりの音は、nという音、すなわち、舌内発音尾[n]でした。これらは語尾が「冠（カウ）」、「昆（コニ）」、「戦（セ

イ）」などと読まれているのが『日本霊異記』や『金光明最勝王経』などに見られます。現代では、「縁（えにし）」や「銭（ぜに）」などの読みにその名残が残っています。

こうした、mとnの使い分けは、「男信」（なましな）という地名での漢字表記にも表れています。

［ng］で終わる音もあります。これは［ng］の鼻音性がとれて、「う」で終わっています。例えば、「同」は「どう」、「当」は「とう」、「方」は「ほう」というように、それぞれ長音化しています。

なお、「ウ」となったのは［ng］や［m］だけではありません。韻尾がp、t、kで終わる入声音の場合、「塔」のように［tap］として入ってきたものも語末の子音が変化して結果として［u］という母音となりました。ハ行が口唇音であったため、［p］が［f］、つまり「フ」となったのです。これが語の内部のハ行の音がワ行に変わって、「ウ」となり、「たう」となったというわけです。

さて、「十（[jip]）」は「じふ」と表記され「じう（じゅう）」と発音される言葉でした。ですから本来は「十本（じっぽん）」。ちなみに子音語尾が存在するハングルで「十」は［sip］と発音します。　　　　（川端元子）

コラム ❹ 音の入れ替え

　幼児の発音では、音の順番が変わることがあります。「しものもり（下の森）」が「しのももり」になったりするような例です。しかし、実はこうした音の順番違いは大人の言葉にも見られます。「山茶花」は「さんざか」から「さざんか」へ、「秋葉原」は「あきばっぱら」から「あきはばら」へといった具合です。これらは音が交替してしまっていて、交替した形の方がむしろ普通に使われています。外来語でも、「simulation」が「シミュレーション」ではなく「シュミレーション」、「communication」が「コミュニケーション」ではなく「コミニュケーション」と発音されることがあります。

（川端元子）

第1章　日本語の「音」　　17

第2章
日本語の表記と文字

国語の学習で大きな比重を占めるのが文字と表記です。
日本語は、お隣の中国から表意文字である「漢字」を輸入しました。
さらに、日本語の「音」に合わせた「仮名」という文字の使い方のシステムも独自につくりました。仮名は音を表しますが、音はいろいろと変化するもの。そこで、仮名遣いのルールも必要になってきます。
ここでは、仮名遣い、漢字の書き方、送り仮名など、文字と表記に関することを取り上げてみましょう。

1 「通り」は「とおり」？「とうり」？
仮名遣い再入門

　文字を読む場合も、書く場合も、「仮名遣い」には注意が必要です。特に重要となるのは、「は」「へ」「を」といった助詞の書き方や、「せんせい」「おねえさん」のような長音（伸ばす音）の書き方です。

　「エ段長音（伸ばす音）」の書き方から考えてみましょう。「せんせい」を「せんせえ」と書く子がいますがそれは間違いです。逆に、「おねえさん」「（返事の）ええ」は「おねいさん」「えい」と書くと間違いです。これはどうしてでしょうか。

　実は、これには発音の仕方が関わっています。例えば「せんせい」を「センセー」と発音することもありますが、「センセイ」と発音することもあります。その点で「い」で書く必要があるのです。「えい！」というかけ声も「エイ」という発音です。一方、「おねえさん」には「オネーサン」という発音だけで「オネイサン」という発音はありません。このような違いによって、エ段の長音は表記が違うと言えます。エ段長音で「え」と書くのは「おねえさん」、返事の「ええ」など、いくつかのものに限られています。

　オ段長音はそういった音の違いとは言えないところもあるので、少し複雑です。例えば、「王監督のファンは多い」は、「オーカントクノ　ファンワ　オーイ」という発音ですが、全部ひらがなで書くと、「おうかんとくのファンはおおい」です。同じ「オー」という音（オ段長音）でも、「王」は「おう」、「多い」は「おおい」と書きます。どちらも発音は「オー」なのに、どういうときに「おう」で、どういうときに「おお」なのでしょうか。

20

一般には、オ段の伸ばす音は「応答（おうとう）」「おうい！」のようにオ段の字の後に「う」を加えて表記します。しかし、「多く」「遠く」「通り」「氷」「狼」など一部のことばでは、「お」を使います。これは、旧仮名遣いと関連があります。「多く」「遠く」「通り」「氷」「狼」などは、昔はそれぞれ「おほく」「とほく」「とほり」「こほり」「おほかみ」と書いていました。古くはそのような発音だったからです。やがて音が変化して「オーク」「トーク」「トーリ」「コーリ」「オーカミ」という発音となったわけですが、ただの伸ばす音とは区別して、古い仮名遣いの影響を残した書き方になっているのです。
　もっとも、ごく一部の言葉では発音の違いもあり、書き分けがあると便利です。例えば「ほお」（頬）は、「ほほ」とも言いますが、「ほう」とは言いません。その点を考えれば区別しておいた方がいいという考え方もできます。「おう」と「おお」も、感嘆詞として、違いがあります。「おう」は返事などで、「おお」は驚きなどで使われる形に対応しています。
　しかし、そうした例を除くと、オ段長音を「お」で書くかどうかという書き分けは、ほとんどの場合、実際の音の違いにはなっていません。つまり、書き方として、覚えないといけないのです。その点で、オ段長音の表記は少し勉強が必要です。
　なお、ほかにも長音の表記に特別なものがあります。「言う」です。これは「ユー」と発音されるのですが、「いわない」「いえ」「いう」などといった活用で「い」という部分が共通することを配慮して、「いう」と表記されます。実際、「ユー」ではなく、文字通り「イウ」という発音も聞かれます。

（森山卓郎）

2 「ドッジボール」を平仮名でどう書く？

　長音の書き方について、小学校一年生の担任の先生から相談を受けたことがあります。一学期はまだ片仮名が使えないので、ひらがなで書かないといけないのです。しかし、どう書けばいいのかの規定がなく、たとえば「ドッジボール」の横に平仮名をふる場合「どっじぼうる」「どっじぼおる」のいずれで書けばいいのかわからない、というのです。「どっじぼーる」という書き方もありますが、長音の符号「ー」の学習が出来ていない段階では、それも使うわけにはいきません。

　外来語は、基本的には国語審議会の「外来語の表記」によって表記方法が決められます。外来語は、片仮名書きですので、伸ばす音は基本的に「ー」です。ただし、「ボウリング」「バレエ」などの慣用的なものは「ー」を使わずに書くことがあります。キッチンの「ボウル」はこれに当たり、「ボウル」と書きます。もちろん、ひらがなで書く場合も「ぼうる」になります。

　では「ドッジボール」の場合どうでしょうか。「ぼうる」「ぼおる」の二通りができます。国語辞典類での文字配列などを参照すると、「どっじぼおる」という書き方になります。辞書では伸ばす音は前の音と同じ母音の音というとらえ方をするからです。そうすると、「ボール」は前の母音をのばして、「ボオル」に置き換えることができることになり、ひらがなでは「ぼおる」という書き方をすることになります。ついでながら、ふつう、長音符号は同じ音ということで、配列的に「ボー」は「ぼお」の後に出てきます。

　一方、仮名遣いから考えると、少し違う書き方になりそうです。まず、

22

伸ばす音は同じ母音を続けるという原則ですが、「え」段と「お」段の場合、注意が必要です。まず「え」段の場合、発音によって違います。すなわち、「えい」と発音するものでは、「えい」と書き、「えい」と発音しないものでは「ええ」と書きます。この考え方では、平仮名をつかった場合、「エイチ」は「えいち」ですし、「エース」は「ええす」と書くのが自然でしょう。

　一方、「お」段の長音はふつう「おう」と書きます。ただし、旧仮名遣いとの関係で「おほ」となるようなものは「おお」と書くようになっています（20ページ参照）。その方向で考えると、呼びかけの「おうい」が「オーイ」と発音されるのと同様、「ぼうる」は、「ボール」という音を表せるので、「どっじぼうる」と書いても間違いとは言えません。

　結論的には、長音を同じ音のひびきの字に置き換えるという考え方に則るのか、通常の現代仮名遣いに則るのか、で二通りの考え方ができ、いずれもが「正しい」と言えます。ただ、厳密に言えば、特例になるので、どちらもが「間違い」だとも言えます。片仮名で書く言葉をあえてひらがなで書くという「反則」だからです。

（森山卓郎）

コラム 5　読みにくい地名

笑内	おかしない	秋田県
狸穴	まみあな	東京都
朝来	あっそ	和歌山県
間人	たいざ	京都府
一口	いもあらい	京都府
十六島の鼻	うっぷるいのはな	島根県

（森山卓郎）

3 訓読みの謎

「時計」はなぜトケイ？「春日」はなぜカスガ？

　漢字の訓読みとは日本語の「意味」による読み方です。ふつうは一つひとつの漢字の読み方となっていますが、なかには、「熟字訓」と言われるような語としてまとまった特別な読み方のものもあります。「さるすべり」は「百日紅」、「いちょう」は「銀杏」「公孫樹」「鴨脚樹」というようなものもあります（「いちょう」という音ですが、中国語の「鴨脚」の発音が「いちょう」に一番近いようです）。「くらげ」も「海月」「水母」と書きますが、確かに、夕空にうかぶ半月は横向きに泳ぐくらげのようでもあります。

　「時計」ですが、これも「とけい」と読むには無理があります。「計」は「けい」という音読みを持っていますが、「時」そのものは「と」とは読まないからです。意味がぴったりなので気づきにくいのですが、実はもとは「土圭」などと書いた言葉の熟字訓です。いわば漢字が入れ替わっているのです。

　中には変わった背景をもった熟字訓もあります。例えば、「春日」は、「春日」「春日井」「春日山」という言葉にあるように、いろんな地名になっています。どうして「春日」と書いて「かすが」と読むのかと言えば、これは「春日（はるひ）」が「かすか」にかかる枕詞ということからできた読み方なのです。枕詞とは、和歌などできまった語句の前に使われる、きまった形のかざりの言葉です。

　清音と濁音の変化が起こって現在は「かすが」と濁りますが、「かすか」が「春日」とつながり、「春日」そのものの読み方が「かすが」になっています。

よく似た例が地名の「飛鳥」です。奈良時代初期（6〜7世紀ころ）の政治の中心地でした。「明日香」と書くこともありますが、「飛鳥」とも書きます。この書き方も枕詞が関わったもので、「飛ぶ鳥の」という言葉が「あすか」の枕詞だったことから「飛鳥」と書くのです。
　「等々力(東京都にある地名)」のように、「とどろき」という固有名詞の書き方はおもしろいです。「轟」と書く場合がありますが、この字は車が多いと音がとどろくという構成からできています。「等々力」は「と」を「等」で表す表記です。一方、「二十六木、廿六木」という書き方をする場合もあります。「と」、すなわち「十」が二つと「ろ」を「六」で書くからです。どんな字で表すかという、楽しい発想がありますね。地名にはこのように様々な読み方のものがあります。
　数字といえば、「十八鳴浜(宮城県にある地名)」は「十八」で「くく」と読みます。「9＋9＝18」で、これは足し算ですが、古くは万葉集などでは「八十一」と書いて「くく」と読ませるようなこともありました。これはかけ算ですね。次はその例です。

　　若草乃　新手枕乎　巻始而　夜哉将間　二八十一不在國
　　若草の新手枕をまきそめて夜をや隔てむ憎くあらなくに
　　　　　　　　　　　　　　　　　　　　　万葉集　巻11（2542）

　万葉集はすべて漢字ですが、いろいろな書き方で書かれています。この歌の場合、新婚の状態で(当時は通い婚でした)、憎くもないのに夜を隔てるのだろうか、という愛の歌ですが、この「にくく」が「二八十一」と書かれています。「二」は「に」、そして、「くく」は「八十一」というわけです。
　　　　　　　　　　　　　　　　　　　　　　　　　　　　（森山卓郎）

4
「必」はなぜ「心」に「ノ」ではないの？
漢字の書き順

　例えば「必」という字は、一応学校では、「ソ」を書いてから右払いを書き、最後に左右の順で点を打つ、という書き順で教えます。先に「心」という字を書くこともできるのですが、ふつうはそうは教えません。これは字の成り立ちが違うからです。

　「必」という字は、クロスさせた材木を重ねて、縄を使って堅く結び合わせること、あるいは、木を折れないようにひもで補強することからできたとされています。点はいわばしっかりとめるということを表すものと推測できます。一方、「心」は、心臓の形をかたどったもので、「忄」（りっしんべん）ともなっています。「必」「心」は違う成り立ちなのです。

　このように、書き順にはそれなりの意味もあると言えます。あまり書き順についてうるさく言うのも問題ですし、そもそも、楷書と草書では書き順も違うのですが、学校教育で教えられる、楷書の筆順についてまとめておきましょう。これは、「筆順指導の手びき」（1958年）にまとめられています。ここでは、あまり煩雑にならない範囲で、筆順について整理しておきます。

　まず最初の原則は、上から下へ、左から右へ、という線を書く方向です。ですから、「人」という字のように、左払いと右払いとが交差する場合は、左払いを先に書き、右払いはあとになります。

　次の原則は、横画と縦画とが交差する場合は、ほとんどの場合、横画を先に書くというものです。ただし、「田」「王」など二本ある場合はその最後の二本を続けて書くことが普通です。

　さらに、中が先という順序もあります。「小」という字のように、中

と左右があって、左右が1、2画である場合は、まん中の部分を先に書くのです。ただし「忄」（りっしんべん）、「火」は例外で、先に点を書きます。

　そのほか、原則には外側が先、というものもあります。囗（くにがまえ）のように囲む形をとるものは、先に上の部分を書きます。全体の収まりをつけておく方が書きやすいからだと言えるでしょう。

　字の書きやすさにも関わるのが、貫く画は、縦の場合も横の場合も最後に書くというものがあります。「中」という字の真ん中の線は一番最後に書きます。

　同様に、長い部分はゆっくり伸ばした方が、字が美しくなります。例えば、「右」「左」では書き順が違います。「右」では横の棒が長いので、先に「ノ」を書くのですが、「左」では「ノ」の部分が長いので、最初に横の棒を書きます。よく見ると明朝体など、一般的な活字でも「右」「左」の「ナ」の部分は微妙に違っています。

　ただし、細かく見ていくといろいろな例外もあります。例えば「九」と「力」は見ようによっては似た部分のある漢字ですが、「九」は「ノ」の左払いを先に書くのに対し、「力」の中の「ノ」は最後に書きます。もっとも、長い部分がどこかという観点から見れば、それぞれ長くゆっくり伸ばす部分を最後に書くことになっていると言えるのかもしれません。

　ただし、そもそも、あくまで筆順は目安です。いろんな流儀もあります。右利き、左利きで書きやすい方向も違います。一応の標準はあるわけですが、最終的には個人の判断で書けばいいという考え方もできます。

（森山卓郎）

5 なぜ「博」に点があって「専」に点がないの?

「専門」という字を書いてから、「博士」という字を書いてみてください。「あれ?」と思った経験はありませんか? 「専」には点をつけないのに、「博」には点があるからです。これは混同しやすいので、ときどき「専」に点を付けてしまうという間違いを目にすることもあります。

似た字なのになぜでしょう。それはもとの字の違いです。「専」の上の部分は古い字では糸巻きのような形でした(旧字では「專」と書くこともあります)。意味の面では糸をしっかり巻くようにそればかりするから「もっぱら」という意味になったようです。ついでながら車偏にこの専を書くと「転」(=ころがる)という字の旧字体(轉)になるのですが、これも糸巻きに巻くことと関連した意味と言えます。

一方、「博」の上の部分は広いところに苗を植えることをかたどった字だったようです。「圃」という字の真ん中と同じ字です。人名で「博」を「ひろし」と読むことがあるのもこのことと関連しています。漢字の意味だけから言えば、「専門家」は何か一つのことに深く通じている人、「博士」は広い学識がある人、ということになります。このような形の漢字で、大体音読みにしてハ行の漢字は大体「甫」の字がもとになっています。

　　敷(フ)、博(ハク)、薄(ハク)、簿(ボ)

などはいずれも点があります(括弧の中は音読みです)。

もっとも、字の形が勝手に変わって点がなくなるという場合もありま

す。例えば、「臭」という字は、上の「自」という部分が「鼻」を表し、その下の「大」は本来「犬」であったとされています。犬が鼻でにおいを嗅ぐところからできた字だとされているのです。実際、「嗅ぐ」という字には「犬」という部分があります。「臭いを嗅ぐ」と常用漢字表の字体で書く場合、本来同じ部分でありながら、片方には点がなく、もう片方には点があることになっています。

　ちなみに「髪」の下にあるのは「友」ではなく「犮」でした。この形は「抜」という字の右側と同じです。「髪」という字の音は「ハツ」で「抜」のバツと似ています。「抜」の右側も以前は「犮」という点のある形でした。そう考えると「髪」には「抜」という字に通うところがあることになります。(妙に納得する人があるかもしれません)。　　　　　(森山卓郎)

コラム 6　8064通りの書き方ができる文？

　「めいだいの　まわりの　しりつがっこうの　とりくみは、はやく　かえるように　つとめることかと　ききました」という文は、漢字を使って書く場合、8064通りの書き方ができます。すなわち、「明大・名大」、「周り・回り」、「私立・市立」、「取組、取り組み、取組み」、「早く、速く、疾く、迅く」、「変える、替える、帰る、代える、返る、孵る、還る」「務める、勉める、勤める、努める」「聞く、聴く、訊く」と、それぞれの書き方があり、それぞれの場合を単純に掛け合わせていくと8064通りとなっているのです。

　日本語の表記は面白くて難しいですね。　　　　　(森山卓郎)

6 間違いやすい漢字

「曰」と「日」はどう違う

漢字の字体で注意すべきものとして、

　　巳年の「巳」　：　已然の「已」　：　自己の「己」

のように、くっつくか、離れるか、その中間か、というように難しいものもあります。

　誘拐の「拐」の右下の部分のように「力」か「刀」の違いもよく間違えます。字の全体的な形も難しいところです。例えば、日曜日の「日」と、「子、曰く」の「曰く」は、かなりよく似た字です。しかし、「曰く」の場合、「口」に「口気」（ないし「舌」）を表す線が加わった形が本来だったという説明がされます。

　こうした字の形は試験などでも問われます。「中学校で習う漢字で最も間違いやすい字」として、ある席上で中学校の先生方に伺ったところ、「捜索」の「捜」が一番間違いやすいのではないか、ということでした。旁の部分、すなわち、字の右側の部分が難しいのですが、特に、この上の部分が「申」という形か「由」という形かということで間違いやすいのです。ちなみに、謡などで出てくるおじいさんのキャラクターである、「三番叟」（さんばそう）の「叟」の部分が「捜」の右側のもともとの字です（現代では少し違う字として書くことになっていますが）。ついでながら、「挿入」の「挿」も、全く違う字ですが、音が似ているのと、一部に似たところがあるので、これもまた混乱することがあるようです。

　中学生くらいで間違いやすいのは、「掘る」と「堀」の違いや、「柵」

と「棚」、「達」のしんにょうの中の部分と「幸」などです。継続の「継」について右の部分を「区」のようにしてしまう間違い、葛藤の「葛」について「葛」の下部分を「胸」の右部分にしてしまう間違い、東西南北の「北」について左側を土偏にしてしまう間違い、などもよく見られます。

(森山卓郎)

コラム❼ 「せいじしきんきせいほう」はどう書く?

「きせい」には「規制」と「規正」の二通りの書き方があります。「政治資金キセイ法」では、「規正」の方が使われます。「規正」を「規制」と書くと、政治献金が貰いにくくなるからでしょうか(?)。「規正」という字だと、「正しくする」という意味で、「正しい範囲で政治献金をもらう」という趣旨にはぴったりと言えるかもしれません。

「的確」と「適格」、「追求」と「追究」と「追及」なども注意が必要でしょう。「的確」は漢字の意味のとおり、間違いなく要点を押さえるといった意味ですが、「適格」は資格などに適合している、という意味です。

「追求」と「追究」と「追及」の違いでは、「追求」は「利益」について言い、「追究」は「真理」などについて言い、「追及」は「責任」などについて言うのが普通です。なお、おそらく入試では出ませんが、軍事行動など特別な文脈では「追及」は「追いつく」という意味で使われることもあるようです。

ただし、「探求」と「探究」のように実質的にはあまり厳密な使い分けをしない場合もあります。ともに深く真理を求めるという意味で使われます。

同じ漢字でもどう読むかによって意味が違うものがあり、要注意です。例えば「一期」はその有名な例です。「いっき」と読めば、議員や首長などの選挙での任期のことですが、これを「いちご」と読めば、一生、という意味です。よく知っている字でも、どういう意味で使われるのかに注意したいものです。

(森山卓郎)

第2章　日本語の表記と文字

7 みんなで間違う漢字?

　本来間違った漢字なのに、それが広く使われているということもあります。その例が「独壇場」です。「投手交代で彼が投げるようになってからは、すっかり彼の独壇場で、たちまちゲームを制した」のように、「ある人が思いのままに活躍する」ということを表す言葉です。しかし、これは本来は「独擅場」と書くのが正しい書き方です。「ほしいまま」という「擅」が、よく使われる「壇」に勘違いされたのです。一人で壇の上に上がっている、というような解釈もできそうだからかもしれません。伝統的な言葉の使い方から考えれば間違った取り違えです。

　「事物をしっかり完成させるための最後の仕上げ」を表す「画竜点睛」も「画竜点晴」と書く人があります。「睛」は「ひとみ」ですが、「晴」という字に似ているからでしょう。これも伝統的な言葉の使い方からすれば間違いですが、広く使われている表記と言えます。

　「完璧」の「璧」も同様です。「完璧」とは欠けるところのない宝石のことを表すので、「玉」が下にあるのですが、「壁」という字を書いてしまうことがあります。よく似ていますが、字は違います。

　今日の字体で違いがなくなってしまったのが、「門」と「鬥」です。「門」は「問」「聞」「悶」のように「もん」と読みますが、いずれもいわゆる「門」からできた字です。しかし、「戦闘（鬪）」の「闘（鬪）」は「とうがまえ」と言い、「門」とは別の字です。上にあるのが「曰」ではなく、王という字で、その横に長い棒があるのです。斧のような武器を並べた形とされ、「門」とは違う字で、音も違っています。

　いわゆる「にくづき」も、なぜ「月」なのかと不思議に思ってしまい

ます。「胃」「腸」「肝」などの字の意味から考えると「月」と関係がありそうには思えません。「にくづき」の「月」ですが、もとは「肉」を表す字形で、もともと「月」とは違う形です。漢字の長い歴史の中で、もともと違うものが同じ形になってしまうという変化がおきたわけですが、形だけを考えれば、より単純な方が覚えやすいのかもしれません。

　意味によって、使われる漢字が変わるようなこともあります。「浸食」がその例です。水などの働きの一つで、例えば流れる水が土や地面などを削り取るように、土や岩石を削り取る作用のことを「しんしょく」と言います。この漢字表記ですが、かつて理科では、「浸食」という字で教えられていました。「水が削りとる」ことから、「浸す」という意味で、さんずい偏の「浸」の字が使われていたのです。

　しかし、現在では「侵食」と書きます。氷河が溶けて少しずつ滑っていって氷によってU字型の大きな谷を作る場合や、風によって岩石などが削れる場合もある点で、「水」に限らないからだそうです。「しんしょく」をどう書くかによってその概念の理解が違ってくるわけですから、漢字の違いは意味の違いにも関わる重要な要素と言えます。

（森山卓郎）

8 「申し込み」？「申込」？「申込み」？
送りがなの規則

　送り仮名で問題になるのは主に活用のある語です。活用のある語は、活用語尾を送る、というのが「送り仮名」の基本です。しかし、次のような例外があります。一つは、語幹が「し」で終わる形容詞は、「し」から送るというものです。

　　著しい、惜しい、悔しい、恋しい、珍しい

などです。ほかに、活用語尾の前に「か」「やか」「らか」を含む形容動詞も、その音節から送ります。

　　暖かだ、静かだ、穏やかだ、健やかだ、和やかだ、明らかだ

などです。
　また、特別に「次の語は、次に示すように送る」と指定されているものもあります。送り仮名を補うことで読みやすくなるというものです。

　　明らむ、味わう、哀れむ、慈しむ、教わる、食らう、異なる、
　　逆らう、捕まる、危ない、危うい、大きい、少ない、小さい、
　　冷たい、平たい、新ただ、同じだ、盛んだ、平らだ、懇ろだ、
　　幸いだ、幸せだ、巧みだ

　ちなみに、

脅かす（おどかす）　脅かす（おびやかす）

は、どちらの読み方をするのか、送り仮名だけではわかりません。
　もう一つの規則として、活用語尾以外の部分に他の語を含む語は、含まれている語の送り仮名の付け方によって送るということもあります（含まれている語を〔　〕の中に示します）。要するに自動詞と他動詞の対応や同じ部分を含む動詞などでは、それにあわせて送り仮名をつけるのです。

　　動かす〔動く〕、照らす〔照る〕、語らう〔語る〕、計らう〔計る〕、
　　向かう〔向く〕、浮かぶ〔浮く〕、生まれる〔生む〕、
　　押さえる〔押す〕、捕らえる〔捕る〕、勇ましい〔勇む〕、
　　輝かしい〔輝く〕、喜ばしい〔喜ぶ〕、晴れやかだ〔晴れる〕、
　　及ぼす〔及ぶ〕、積もる〔積む〕、聞こえる〔聞く〕、
　　頼もしい〔頼む〕、

　形容詞・形容動詞の語幹を含む、「重んずる〔重い〕　若やぐ〔若い〕」なども同様です。
　ただし、注意する必要があるのは「許容」です。「読み間違えるおそれのない場合は、活用語尾以外の部分について、次の（　）の中に示すように、送り仮名を省くことができる」となっています。

　　浮かぶ（浮ぶ）、生まれる（生れる）、押さえる（押える）、
　　捕らえる（捕える）、晴れやかだ（晴やかだ）、積もる（積る）、
　　聞こえる（聞える）、起こる（起る）、落とす（落す）、暮らす（暮す）、
　　当たる（当る）、終わる（終る）、変わる（変る）

　名詞にも同じような「許容」があります。ふつう、動詞からできた名詞には送り仮名をつけますが、「読み間違えるおそれのない場合は、次

の（　）の中に示すように、送り仮名を省くことができる」となっています。

　　曇り（曇）、届け（届）、願い（願）、晴れ（晴）、当たり（当り）、代わり（代り）、向かい（向い）、狩り（狩）、答え（答）、問い（問）、祭り（祭）、群れ（群）、憩い（憩）

などですが、「祭り」などはむしろ「祭」の方がふつうの書き方という印象です。
　副詞・連体詞・接続詞は、最後の音節を送る、というのが基本原則です。

　　必ず、更に、少し、既に、再び、全く、最も、来る、去る、及び、但し

これにも例外があります。

　　明くる、大いに、直ちに、並びに、若しくは

などでは二つの音節を送ります。
　複合の語も注意が必要です。基本は、「それぞれの音訓を用いた単独の語の送り仮名の付け方による」という単純なもので、

　　書き抜く、流れ込む、申し込む、打ち合わせる、向かい合わせる、長引く、若返る、聞き苦しい、薄暗い、待ち遠しい、軽々しい、乗り降り、抜け駆け、作り笑い、暮らし向き、売り上げ、取り扱い、乗り換え、引き換え、歩み寄り、申し込み、移り変わり、長生き、早起き、苦し紛れ、大写し、粘り強さ、有り難み

のように送ります。しかし、これにも「許容」があり、「読み間違えるおそれのない場合は、次の（　）の中に示すように、送り仮名を省くことができる」となっています。

　　書き抜く（書抜く）、申し込む（申込む）、
　　打ち合わせる（打ち合せる・打合せる）、
　　向かい合わせる（向い合せる）、聞き苦しい（聞苦しい）、
　　待ち遠しい（待遠しい）、田植え（田植）　封切り（封切）、
　　落書き（落書）、雨上がり（雨上り）、日当たり（日当り）、
　　夜明かし（夜明し）、入り江（入江）、飛び火（飛火）、
　　合わせ鏡（合せ鏡）、預かり金（預り金）

ですから、「もうしこみ」は、「申し込み」が一応の原則ではありますが、「申込み」も「申込」も、すべて OK です。ただし、まとまった名詞として使う場合は「申込書」のように漢字だけで書くことが多いようです。
　役所関係では「申込」「取組」「受付」など、ふつうなるべく送り仮名をつけない書き方にして、文字の数を少なくするようにしているそうです。
　　　　　　　　　　　　　　　　　　　　　　　　　（森山卓郎）

9
新聞から日本語を考えよう
漢字と仮名

　新聞は、さまざまな出来事を私たちに伝えてくれます。世の中の動きに従って、言葉もいろいろと移り変わります。ここでは、新聞を通して、日本語について考えてみましょう。

1）漢字・片仮名と平仮名の役割分担
　次の文は、ある新聞記事から、平仮名を抜いたものです（以下、例として用いる文章の改行は省略します）。この記事がどんな内容なのか、考えてみましょう。

> 　JR東海最新型リニアモーターカー関係者向試乗会　6月試乗会1200人募集【大阪】JR東海18日、山梨リニア実験線（山梨県都留市―大月市、18.4キロ）、昨年導入最新型リニアモーターカー関係者向試乗会行。試乗会最高速度時速450キロ、日実用化時営業速度同500キロスピードアップ。一般向試乗会6月予定。

　「関係者向試乗会」の「向」がなんだかわからないでしょうが、最後の方に「一般者向試乗会」とあるのを見れば、「関係者向け試乗会」だな、と推測できるでしょう。「試乗会行」や「日試乗会」の「行」や「日」など、なぜここにあるのかわからない漢字もあるかもしれませんが、大体、リニアモーターカーの関係者向けの試乗会が行われた記事だな、と推測できるのではないでしょうか。

日本語は、漢字仮名交じり文で表記されます。漢字は、主として、実質的な意味を持った言葉を表すのに用いられます。平仮名も、実質的な意味を持った言葉を表すのにも用いられますが、助詞や助動詞、活用語の活用の部分など、補助的な働きをなす言葉を表すのに用いられます。片仮名も仮名ですが、平仮名と異なり、実質的な意味を表す言葉を表すのに用いられます。このために、平仮名を外しても、大体の意味がわかることがあるのです。先の記事の全文は、次のようなものでした。

　　JR東海が最新型リニアモーターカーの関係者向け試乗会　6月試乗会は1200人募集【大阪】JR東海は18日、山梨リニア実験線（山梨県都留市―大月市、18.4キロ）で、昨年導入された最新型リニアモーターカーの関係者向け試乗会を行った。これまでは試乗会での最高速度は時速450キロだったが、この日から実用化時の営業速度になる同500キロにスピードアップ。一般向けの試乗会は6月に予定している。

　　　　　　　　　　　　　　　　　　（毎日新聞2003年4月19日朝刊より）

2）新聞に使われる文字の割合

　次に、上の新聞記事の文字を、漢字、平仮名、片仮名、算用数字、ローマ字、句読点・括弧などの6種類に分けて、種類毎の延べ字数を数えてみましょう。言葉の一部になる長音符（「ー」）、片仮名の言葉では片仮名として数え、小数点は算用数字に入れておきます。

　　漢字（81字）　　東海最新型関係者向試乗会月試乗会人募集大阪東海日山梨実験線山梨県都留市大月市昨年導入最新型関係者向試乗会行試乗会最高速度時速日実用化時営業速度同一般向試乗会月予定
　　平仮名（43字）　がのけははでされたのけをったこれまではでのはだったがこのからのになるにけのはにしている

片仮名（34字）　リニアモーターカーリニアキロリニアモーターカーキロキロスピードアップ

算用数字（18字）　612001818.44505006

ローマ字（4字）　JRJR

句読点・括弧類（12字）　【】、（一．）、。。。。

　ここで、漢字・片仮名と平仮名の割合に注目してみましょう。漢字と片仮名が115字で、平仮名が43字ですから、だいたい、7対3の割合で、漢字・片仮名が多く使われていることがわかります。同じ年の新聞1年分で調べてみますと、漢字は約2250万字、片仮名は約504万字（長音符含む）、平仮名は約1844万字でした（10000未満は四捨五入しました）。漢字・片仮名と平仮名との割合は、だいたい6対4で、やはり、漢字や片仮名の方が多く使われています。

　では、同じように、小説での割合を見てみましょう（平仮名の言葉中の長音符は平仮名に、漢字の言葉中の繰り返し符号「々」は漢字で数えてください）。

　　親譲りの無鉄砲で小供の時から損ばかりしている。小学校に居る時分学校の二階から飛び降りて一週間程腰を抜かした事がある。なぜそんな無闇をしたと聞く人があるかも知れぬ。別段深い理由でもない。新築の二階から首を出していたら、同級生の一人が冗談に、いくら威張っても、そこから飛び降りる事は出来まい。弱虫やーい。と囃したからである。

　　　　　　　　　　　　　　　　　　　夏目漱石『坊っちゃん』

　　越後の春日を経て今津へ出る道を、珍らしい旅人の一群が歩いている。母は三十歳を踰えたばかりの女で、二人の子供を連れている。姉は十四、弟は十二である。それに四十位の女中が一人附いて、草

臥れた同胞二人を、「もうじきにお宿にお著なさいます」と云って励まして歩かせようとする。二人の中で、姉娘は足を引き摩るようにして歩いているが、それでも気が勝っていて、疲れたのを母や弟に知らせまいとして、折々思い出したように弾力のある歩附をして見せる。

森鷗外『山椒大夫』

『坊っちゃん』では、漢字が61字、平仮名89字で、漢字と平仮名は、だいたい4対6、『山椒大夫』では、漢字が75字、平仮名が123字で、漢字と平仮名との割合は、やはり、だいたい4対6です。漢字と平仮名との割合が、新聞とは逆転しています。『坊っちゃん』全体では、漢字・片仮名と平仮名との割合は34対66、『山椒大夫』全体では漢字・片仮名と平仮名との割合は36対64で、やはり平仮名の占める割合が多くなっています。同様に、ある新書一冊分を調査してみますと、漢字・片仮名と平仮名との割合は38対62でした。説明文でも、やはり、平仮名の方が多く使われているようです。

このように、新聞で特に漢字や片仮名の占める割合が大きくなるのは、情報を多く載せなくてはならないからです。

（矢澤真人）

文字の種類ごとの数

	新聞一年	坊っちゃん全体	山椒大夫全体	新書
漢字	22,500,000	26,600	6,900	25,500
片仮名	5,040,000	1,100	0	5,500
平仮名	18,440,000	52,800	12,500	50,300
平仮名の割合	40%	66%	64%	62%
漢字・片仮名の割合	60%	34%	36%	38%

※新書　丸山春平『照葉樹林文化』中公新書

10 新聞で多く用いられる文字とは？

　漢字・平仮名・片仮名ごとに、一年間の新聞で多く用いられている文字を、20位まで並べてみます。

漢字	日 大 人 国 年 会 本 中 一 事 者 長 月 出 同 時 自 分 上 市
平仮名	の に た を い は と る が し で な て か っ れ ら も す う
片仮名	ン ス ル イ ラ ト ク ア リ ッ ド ロ シ タ カ フ レ ジ テ ブ

　一般に、新聞では、記事は「いつ、どこで、だれが……」の順で書かれるといいます。確かに、「〇年〇月〇日〇時〇分」という日時に関わる漢字はみな入っています。しかし、場所に関わる漢字は、「国」とか「市」などが入っているくらいですし、人名も、姓で多いと言われる「鈴木」さんや「佐藤」さんの漢字は、一つも入っていません。事件は、各地で生じ、関わる人も様々なために、場所や人名は分散されてしまうのでしょう。

　漢数字は、「一」しか入っていません。「一」は、「一般的」「統一」「一致」など、普通の言葉でも用いるからです。人名でも「研一」や「幸一」など「一」を使うことが多いということも考えられます。

　平仮名のうち、「の、に、を、は、と、が、で、て、か、も、う」などは、助詞として用いられる文字です。平仮名が補助的な言葉を表すのに

多く用いられていることがここからも知られます。

　「い」「る」「っ」などが多く出てくるのはなぜでしょうか。これは、活用語尾に用いられるからです。同じく、「し」や「す」が多く出てくるのも、「する」の活用形だからだと考えられます。

　片仮名のうち、「ス、ル、イ、ラ、ト、ッ、シ、タ、カ、レ、テ」の11文字は平仮名でもランクインしていますが、「ン」がトップであり、ラ行音も全部ランクインしているのが注目されます。ここでは、長音符を出していませんが、実は、長音符は「ン」よりも多く用いられており、カタカナ語に使う文字・符号のうち一番多く使われていました。「リニアモーター」や「ランクイン」など、これまでに出てきた外来語を見ても、「ー」や「ン」やラ行の文字が入っていました。カタカナ語は、漢語や和語とはちょっと違った音の組み合わせになっているようです。和語にはラ行音で始まる言葉がありません。

　先に、新聞に出てくる漢字の延べ字数が約2250万字であると紹介しましたが、異なり字数では、約4300種になります。一年間の新聞をすべて読むためには、4300もの漢字を知らなければならないということになります。しかし、これらの漢字の頻度は大きく異なります。次の表は、多く用いられる順に漢字を並べて、その順位までの文字で、全体の延べ字数の何パーセントを占めるかを示したものです。先に示した「日、大、人、国、年、会、本、中、一、事」の10字で延べ字数の8.7パーセントを占めるということです。小学校で習う学年別配当漢字は、約1000字あります。学年別配当別漢字と頻出漢字の上位1000字とは、多少の異同はありますが、ほぼ重なっています。小学校で習った漢字だけでも、一年間に新聞に出てくる漢字の90パーセント以上はカバーしていることがわかるでしょう。中学校で習う常用漢字は、2000字ほどです。これも、上位2000字とは多少の異同がありますが、やはり、ほぼ重なっています。中学校までに習った漢字で、新聞に出てくる漢字の99.7パーセントがカバーできるということです。

ランク	10	50	100	200	500	1000	1500	2000	2500	3000
割合	8.7	24.5	37.3	53.7	78.4	93.7	98.4	99.7	99.9	99.9

これをグラフにすると、次のようになります。

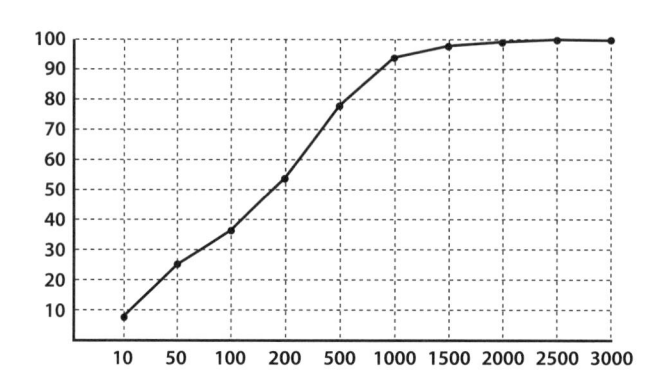

　1500位あたりから、グラフが緩やかになり、2000位以降はほぼ、平らになります。新聞では、4300もの漢字が使われていますが、2000位を越える漢字が使われる頻度はかなり低いということがわかります。2000位から4300位までの2300字の漢字は、全部で延べ字数のたった0.3パーセントしか占めていないというわけです。

　この2300字の中には、人名や地名に用いられる文字がたくさん入っています。「朴」や「彭」「熙」など、海外の人名に用いられる文字も含まれていましたし、「葛飾区」の「葛」のように、常用漢字で置き換えられない漢字も含まれています。しかし、この中には、「渡邊」さんの「邊」や、「大澤」さんの「澤」、「鹿嶋市」の「嶋」のように、常用漢字の「島」「辺」「沢」に置き換えられる漢字も多く含まれています。

　また、「佐賀県は鹿島市で、茨城県は鹿嶋市だ」といったように、区別をするためにわざわざ漢字を変えることもしばしばあります。一人が自

分のこだわる文字を一つもてば、それだけ文字は多くなります、その一つ一つが、個人や地域のアイデンティティと関わっているとしたら、それらは簡単に置き換えることができません。自分の名前や自分たちの住む地域へのアイデンティティが、この2300字の中に潜んでいるとも言えるのではないでしょうか。

(矢澤真人)

コラム 8 回文

　子どもたちが喜ぶことば遊びの一つに回文があります。「いかのダンスはすんだのかい？」のようなもので、前から読んでも後ろから読んでも同じ文のことです。「たけやぶやけた」などが有名ですし、「新聞紙」のように一語で回文のようになっているものもあります。

　長き夜のとをの眠りのみな目覚め波のり舟の音のよきかな

は、五七五七七になったみごとなもので古くから知られています。『回文遊び大辞典』(東京堂出版)のような本も面白いです。

(森山卓郎)

11 語の表記と人権意識

「子ども」「障がい」

　単語の使い方やその表記には、人権意識が反映したものがあります。例えば、「子供」の「供」も「子ども」と書くことが多くなってきました。「供」と言えば、家来などとして付き従うと者という意味があり、「子供」と書くべきではない、という考え方をする人があるのです。

　ただし、そういった漢字の意味を考えていくと、なかなかきりがないというのも事実です。「子ども」の「供」は実は当て字で、複数を表す「ども」がもともとの言葉ですから、「お供」という意味はもともとないと言えます。むしろ、漢字の字の意味という観点で言えば、例えば児童の「童」という漢字には、奴隷という意味があります。一人前でないという点で子どもと召使いや奴隷とは同一の扱いだったと言えるのかもしれません。しかし、もちろん、そういった意味から「児童」という言葉を不適切な言葉として排除するという人はいないでしょうし、「児どう」などと書く人もいません。

　ある漢字が使われなくなり、代わりの漢字が使われるものの、その字が避けられるということもあります。「発達障害」とか「身体障害」という言葉がありますが、この「障害」という漢字も議論があります。「障害」という漢字は、法律でも使われているのですが、本来、「害」というのは当て字でした。本来は「障碍」と書いていたのです。「碍」とは、いわば、さまたげる、さしさわりがある、という意味です。しかし、この字が常用漢字にないところから「害」という字を使うようになったのです。漢字の意味を考える場合、この使い方に違和感を覚える人があります。この「害」には災いとか損なうといった意味があるからです。「公

害」「損害」などの「害」につながるようなイメージも出るかもしれません。そういったことに配慮して「障がい」というようにひらがなを使う場合もあります。代用の字を使うことはあるので、「障碍」も「障害」も区別する必要はなく、「障害」という文字をとりあえず使い続けるという考え方もありますが、あえて「害」の字を使わないというのも一つの見識と言えます。いずれにせよ、字の意味について深く考えてみることは大切なことではないでしょうか。

　文字遣いは表面的なことだとも言えますし、多少、解釈による違いもあります。しかし、その文字を見ることでいやな思いをする人があるということになれば、確かに一定の配慮は必要だと言えます。最終的には、それぞれの自分なりの考え方でどのような字を使うのかを判断することが必要になってきます。
　　　　　　　　　　　　　　　　　　　　　　　　（森山卓郎）

コラム❾　新しい常用漢字

　平成22年11月、常用漢字が見直され、「丼、煎、餅、肘、膝」など196字が追加され、「匁（もんめ）」「銑（せん）」など5文字が削除されました。「哺乳類」「軽蔑」のように漢字で表記することもできるようになりました（これまでは「ほ乳類」のような仮名の交ぜ書きになっていました）。ただし、「鬱」や「淫」など、学校で教えようとすると難しすぎたり、教えにくかったりする字もあります。しんにょうの字体も一点のものと二点のものが両方ありますので、場合によっては混乱することもありそうです。　（森山卓郎）

12 蔵人はどうして「くろうど」なの？

　平安時代の初め、「令外官」として律令制度とは別に設けられた、天皇の秘書のような役人のことを「蔵人（くろうど）」と言います。それから、グリム童話の赤頭巾ちゃんの物語で、狼に食べられた赤頭巾ちゃんを助けてくれたのは、「狩人（かりうど）」。ついでに、結婚するカップルの間に入っていろいろとお世話をしてあげる人は「仲人（なこうど）」。戦いに敗れて落ち延びる人々を「落人（おちうど）」といいます。どれも「人」のことを「～うど」のように読むのですが、なぜでしょう。

　「蔵人」の場合で言うと、実は、もともとの発音は、文字通り「くら＋ひと」でした。この「ひ」が「う」に変わったのですが、この原因として考えられるのが、主に平安時代に、言葉の中でのハ行の音はワ行の音に変わったという現象です。「こんにちは」「東京へ」を、「こんにち＋わ」「とうきょう＋え」と読むのと同じです。これは、ハ行転呼と言われ、大体西暦1000年くらいに大きく広がったとされています（すでに奈良時代からそのような変化のきざしもありました）。

　つまり、「くらひと」の「ひ」（古くは「フィ」のような音だったと考えられています）が、ワ行の「うぃ」という音になり、発音上「う」になったと推定されます。そうしてできた「くらうど」が現在では、「くろうど」と発音されるのです。

　「う」が「ん」に変わって、「くらんど」という読み方をする場合もあります。「あう」という母音の発音が「おう」という母音の発音に変化したのは大体室町時代のおわりの頃です。「おー」という音は、「あう」からきた、開音と呼ばれる広い目の「おー」、「おう」からきた合音と呼ば

れる狭い目の「おー」に区別があったことも知られています（キリシタンのローマ字で書き分けもなされています）。「くろうど」の場合は、かりに室町時代風に「くろーど」と読むとしたら、開く方の「おー」という音になります。

（森山卓郎）

コラム⑩ じぢずづ
「地面」は「じめん」か「ぢめん」か

　「じぢずづ」の使い分けも仮名遣いの問題になります。「じぢずづ」の四つは伝統的には「四つ仮名」とよばれてきました。
　中世までは音は違っていたとされていますが、一部の方言を除き（それも最近ではかなり消滅しているようです）、現在では、発音の区別はありません。そのため、ふつうは「じ、ず」の方を使うというのが基本です。例えば「地」は「ち」と読みますが、「地面」は「じめん」と書きます。
　ただし、「はな＋ち」、「三日＋つき」のように、語としてまとまるときに濁音になる現象（連濁）の場合、その語源意識によって「はなぢ」「みかづき」のように書きます。「つづく」「ちぢむ」のように同じ音の場合も同様です。「沼津」「焼津」「魚津」「木津」など「〜津」という地名がありますが、これらの場合、ふつうは「づ」が使われているようです。

（森山卓郎）

第2章　日本語の表記と文字　　49

13 高校入試の読み取りの漢字問題を分析する

　最近の高校入試ではどのような漢字が出題されているのでしょうか。ここでは、出題された漢字を教育漢字か（教育漢字外の）常用漢字か、音読みか訓読みかから分類して、入試問題の特徴や傾向を述べていくことにします。

　2010年春に実施された公立高校入試では、漢字の問題が小問で330問程度出題されました。読み取りと書き取りの出題数にはほとんど差はなく、いずれの県もほぼ同数出題しています。漢字の問題というと、とにかく漢字を書いて練習するというイメージがありますが、高校入試の対策とすれば読み取りも疎かにはできません。

　読み取りの問題で最も出題数の多いのは、音読みの教育漢字と音読みの常用漢字からなる二字熟語です。この中には、「緊張」「描写」「恩恵」「面倒」「根拠」など日常の生活でよく耳にする語が見られる一方、「委嘱」「暫時」「遺漏」「意匠」「警鐘」など中学生の生活と関わりが薄く、読みが思いつきにくい語も幾つか見受けられます。「委嘱」であれば「嘱」の読みが問題となります。これが類義語の「委任」であれば、「担任」や「責任」などから容易に読みを確定できますが、「嘱」は「委嘱」以外では「嘱託」や「嘱目」など馴染みの薄い語しかなく、読みが類推できません。「暫時」は「漸次」との混同か、「ゼンジ」という読み誤りがよく見られます。これも馴染みの薄い語ゆえに引き起こされる読み誤りでしょう。

　次に出題数の多いのは訓読みの常用漢字です。この中で、「催す」「施す」「遮る」「顧みる」「煩わす」などは中学生にとって馴染みの薄い読

みです。ただ、類義の熟語「開催」「実施」「遮断」「回顧」「煩雑」ならば読めるものも出てくるでしょう。これらの和語は日常の生活では次第に用いられなくなり、かえって漢語の熟語の方が多く使われています。

　続いて多いのが訓読みの教育漢字です。ただし、この中には「操る」「和やか」「映える」「調える」など中学で扱う読みも含まれています。

　この他に、音読みの常用漢字からなる二字熟語も出題数が多い方ですが、先に挙げた3種で読み取りの全問題の70％程度を占めています。読み取りの問題については、教育漢字だけでなく常用漢字も出題されます。中学校学習指導要領にも「第2学年までに学習した常用漢字に加え、その他の常用漢字の大体を読むこと。」（第3学年2内容・伝(1) ウ (ア)）とあります。

　なお、2010年春に出された漢字の読み取りの問題では、訓読みの問題と音読みの問題の割合は1対1.87で、音読みの方が2倍近く出題されています。いくつか例を挙げてみます。

訓読み	緩い、粗い、潤す、覆う、拒む、顧みる、耐える、添える、交わす、損なう、映える、調える、和やか、推し進める、見定める、生い立ち、羽織、目頭、口癖、土産
音読み	彼岸、妨害、迅速、懇談、恩恵、錯覚、隆起、輩出、拝啓、暫時、折衷、主催、致命、宣誓、一括、緊張、波紋、遺漏、佳作、許諾、奉仕、堅固、匹敵、凝縮、案の定

　これを見ると、数は少ないながらも訓読みの熟語も出題されていることが分かります。熟字訓も「土産」だけですが、2県で出題されました。一方、音読みの問題はほとんどが熟語で占められています。よく言われていることですが、訓読みなら送りがなのある語、音読みなら熟語を読めるようにしていくことが、高校入試対策でも大事だと言えましょう。

（松崎史周）

14 高校入試の書き取りの漢字問題を分析する

　書き取りの問題で最も出題数の多いのは、音読みの教育漢字からなる二字熟語です。「常識」「経験」「困難」「興奮」「貿易」など日常生活や学習活動でよく使われる語が多く、中学生にとって書く機会や必要性が高いものです。その一方、「専念」「展覧」「功績」のように中学生が書き誤りやすい語もいくつか見られます。まず、「専念」の「専」は右上に点を付ける間違いが多く見られます（28ページ参照）。これが「専門」となると「門」を「問」とする間違いまで出てきます。

　「展覧」の「展」は「展」と左はらいを入れてしまう間違いが多く見られます。「表」や「裏」などとの混同が原因でしょう。「功績」は「績」を「積」とする間違いです。同音で字画も似ているためよく書き誤りが起きます。この他にも、「複雑」の「複」や「補助」の「補」を「複」「補」と示偏にしたり、「危険」「冒険」の「険」を「検」と木偏にしたりする間違いも多く見られます。逆に、「探検」は「検」ですが、「探す」「冒す」といった意味を考えることが書き間違いをなくすことにつながりそうです。

展	喪	複	補
展	喪	複	補

書き誤りやすい漢字の例

　次に出題数の多いのは訓読みの教育漢字です。「省く」「敬う」「垂らす」など日常生活であまり使わず、字形が思い浮かびにくい漢字もあり

ますが、多くは普段からよく読み書きする漢字です。また、「省く」や「敬う」にしても、「省略」や「尊敬」と類義の熟語を挙げれば、字形は思い浮かびます。

　書き取りの問題に出題されるのはほとんどが教育漢字です。これら2種で公立高校の入試での漢字出題の95％近くを占めています。中学校学習指導要領にも「学年別漢字配当表に示されている漢字（*教育漢字）について、文や文章の中で使い慣れること。」（第3学年2内容・伝（1）ウ（イ）、*注は筆者）とありますが、教育漢字であっても、熟語の書き取りや中学で扱う訓読みについては、授業で取り上げる必要があります。また、新出の常用漢字を学ぶ際にも、その漢字と教育漢字からなる熟語をしっかり定着させる必要があります。

　高校入試レベルを少し超えるのかもしれませんが、意味による使い分けにも注意が必要です。例えば、「きてい」という言葉も「規定」「規程」「既定」「基底」というように意味が違います。「規定」は決まりに従って決めるという意味ですが、「規程」はその決まりそのものです。ちなみに「既定」は漢字の意味の通り、「すでに決まった」という意味ですが、意味的に似通ったところもありますので、少し使い分けに注意が必要でしょう（コラム7なども参照）。

　なお、2010年春に出された漢字の書きの問題ですが、訓読みの問題と音読みの問題の割合は1対2.53で、音読みの方が2.5倍も多くなっています。いくつか例を挙げてみましょう。

訓読み	額、窓、営み、延べ、力任せ、敬う、拝む、注ぐ、耕す、省く、拾う、経る、預ける、備える、垂らす、束ねる、引き裂く、著しい、細かい、難しい、穏やか、厚い
音読み	警報、功績、磁石、伝統、標識、貿易、拡張、帰属、興奮、熟知、推測、専念、提唱、伝達、展覧、破損、抜粋、輸送、危険、貴重、専門、綿密、典型、破竹、禁じる、決して

第2章　日本語の表記と文字

読み取りの問題と同様に、音読みの問題はほとんどが熟語で、漢語サ変動詞や形容動詞の語幹も含めて名詞で占められています。数は少ないのですが、「禁じる」「厚い」「決して」など熟語ではない音読みの語も出題されています。一方、訓読みの問題は送り仮名を含む語がほとんどで、品詞も名詞、動詞、形容詞、形容動詞と様々です。書き取りの問題については、教育漢字を中心にして、訓読みなら送りがなも含めて正しく書けるようにし、音読みなら同音異義語を識別しながら正しく熟語を書けるようにすることが大事です。

（松崎史周）

第3章
日本語の語彙

「語彙」とはボキャブラリーのこと。いわば言葉の材料としての「語」の集まりです。「語」はいろいろな使い方をしますので、当然その意味には広がりがあります。

日本語には擬音語や擬態語も数多く使われていますし、季語のように日本の文化を反映するものもあります。日本語には和語、漢語、外来語など語種といわれる言葉の出自の違いもあります。

語を説明するのが国語辞典ですが、国語辞典を題材にすると、いろいろなおもしろいことが見えてきます。

1 多義語と意味の広がり

なぜ風邪もピアノも「ひく」の？・税金も国も「おさめる」？

　「ひく」にはいろいろな使い方があります。「綱引き」の「引く」もそうだし、「線を引く」もそうですが、ほかに、「風邪をひく」も「5から2をひく」もそうです。「弾く」という漢字を使いますが、「ピアノをひく」ということばもあります。

　もともと、引くとは水平方向に力を加える場合で、特に自分に近づく方向で何かに力を加えることを表したようです。「国引き」の神話でいう「引く」はこの意味でしょう。「綱引き」の「引く」もそうです。これらは「引っ張る」に近い意味です。ここから、「電線を引く」「電話を引く」などの使い方ができたと思われます。これらの場合は最初の段階では力を加えるのかもしれませんが、むしろ敷設するという意味になっています。「水道を引く」だと引っ張るという意味から離れることになります。さらに、おそらく引いて内容を取るという方向で使われるのが「引き算」の「引く」です。対象が減るということに意味の重心があります。

　一方、自分の方向でなくても使うのが「線を引く」です。力を加えるということからさらに「書く」ことに拡張して、「線を引く」ができたと考えられます。「粉を挽く」のも水平方向の力と考えてよさそうです。以上の例はいずれも「引く」という動作からの拡張として考えることができるので、ある程度わかりやすいものです。

　では、「風邪」はなぜ「引く」のでしょうか。いろいろ病気がある中で、「風邪」だけ「ひく」と言います。今から千年ほど前の『源氏物語』に、「浜風を引きありく」という表現がでてきます。古くから、「風邪」

は、「悪い風を体に引き込む」病気ととらえられていたと考えられます。
　では、なぜピアノも「ひく」なのでしょう。漢字で書くと「弾く」と書きますが、もともとはつながりがあります。古典でも楽器を「ひく」という表現がたくさん出てきます。ただ、使われるのは「琴」「琵琶」などの弦楽器です。弦楽器の弦を水平方向に、あるいは、自分の方へ引き寄せるように、力を加えて演奏するところから、「ひく」という言葉が使われたと考えられます。そして、琴や琵琶から、やがて、ピアノやギターのような楽器の場合にも同じように「ひく」と表現されるようになったのです。弦楽器で「ひく」を使うのはやはり「引く」という動きからきているといえます。ピアノの場合、弦をたたくという構造だからわかりやすいですが、オルガンやアコーディオンまでに拡張したのは、おそらく鍵盤楽器というつながりでしょう。
　同じように、漢字で書くといろいろに書き分けられるけれども、もともと一つの言葉として考えられるという例として、「おさめる」もあります。例えば、「納める　収める　治める　修める」など、「おさめる」という読み方でも、漢字そのものは使い分けがあります。しかし、本来の意味を考えると、「おさめる」とは、「あるべき状態にする」といった意味だったと言えます。古い時代から、本来の日本語に「おさめる」という言葉があったのに対して、中国から漢字が伝わった際に、それに当てはまる概念に漢字では「納、収、治、修」という区別があったと言えます。すなわち、片付ける場合などに、あるべき場所にあるべきものをしまう、というのが「収」「納」の「おさめる」です。また、それが「知識や技能」の場合に、いわば「身につく」という点で「修める」という漢字に当てはまる意味となっています。そして、政治などのもう少し広い意味で「すべてがうまくおさまった」状態にするという場合に「治める」という字をあてるわけです。このように、本来の日本語にどのような意味の漢字を当てはめるかということが、同訓異字の基本的な問題と言えます。

（森山卓郎）

2 わくわくオノマトペ（擬音語と擬態語）！

　オノマトペとは、擬音語・擬態語などをまとめて指す言葉です。オノマトペアと呼ぶこともあります。言うまでもなく、擬音語は音を表し、擬態語は様子を表します。さらに、「はらはら」「わくわく」など「擬態語」の中でも特に気持ちを表す言葉を「擬情語」と言う場合もあります。日本語では、こういった広い意味でのオノマトペの言葉がたくさんあり、「ばらり（＋と）」「くるり（＋と）」

　　〜り（＋と）

といった形や、重ねた形の、

　　くるくる（＋と）、ばらばら（＋と）、にこにこ（＋と）、ふらふら（＋と）

のような形、

　　さっ（＋と）、きっ（＋と）、ぱっ（＋と）、ぷっ（＋と）

のような促音で終わる形、といった、一定の特別な形をしています。
　一部は動詞にもなっています。動詞の場合、

　　はたはたとはためく、きらきらときらめく、ゆらゆらとゆらめく、
　　どよどよとどよめく、ざわざわとざわめく

ふらふらとふらつく、びくびくとびくつく、ぱらぱらとぱらつく、
　　むかむかとむかつく、にやにやとにやつく、まごまごとまごつく

などのように、「〜めく」「〜つく」などの形が多くあります。特に、「〜つく」はだいたいの場合悪い意味になることが多いとされています。ほかに、動詞の終わりには「〜る」という音をつけた、

　　ぬめる、ひかる

のようなものもあります。「ぬめぬめと、ぬめる」「ぴかぴかと、ひかる」となっています。
　オノマトペの「音」そのものも意味に関連しています。例えば、濁音のオノマトペは大きなイメージになりやすいと言われています。

　　小石がころころ転がる、大きな石がごろごろ転がる
　　くるっと回る、ぐるっと回る
　　パタンと閉まる、バタンと閉まる
　　ぱらぱらと落ちてくる、ばらばらと落ちてくる

などがそうです。
　一方、「きらきら光る」と「ぎらぎら光る」のように、濁音の場合に悪いイメージになるものもあります。
　また、最初の音のイメージが意味に関連することもあります。例えば、「さ」行のオノマトペは、

　　さっさと、さっと、すっと、さらさらと、そろそろと

のように、どちらかと言えば動きに関連する使い方をすることが多い

と言われています。一方、「な」行の、特に「ぬ」「ね」「の」からはじまるオノマトペは、

　　ぬるぬる、ぬめりと、ねとねと、ねちねち、ねばねば、のろのろ、のっそり

のように、あまり動かない印象のものや粘着的（？）なものが多いようです。
　もう一つ、オノマトペには母音の違いも関わっています。「きーん」「しーん」「ぴいん」など、イ段音は高い音や無音に近い場合に使われます。一方、オ段音は「ごうごう」「ぼおん」「ぼお」など大きい音や低い音が多いと言えます。
　美しい風鈴の音、除夜の鐘の音、私たちの回りには印象に残る音がいろいろあります。ありきたりな「チリーン」や「ゴーン」以外にいろいろと表現できそうです。こんなときにはどんなオノマトペを使ったらいいのかな、などとを考えるとわくわくしますね。

（森山卓郎）

コラム⑪ 「じゃがバタ」の謎？

　日本語の「名詞1＋名詞2」という複合語では、基本的に「名詞2」つまり後ろの名詞が意味の中心になります。例えば、「コロッケカレー」はカレーで、「カレーコロッケ」はカレー味のコロッケです。「かにシュウマイ」「タコ飯」「肉丼」も同様で、基本的に、それぞれ、要するにシュウマイ、飯、丼です。

　こうした語順のルールは、言語によって違っています。「名詞1」、つまり前の名詞が意味の中心になり、修飾部分が後ろにある、という言語もあります。例えばフランス語の「ガトーショコラ」では、「ガトー」が中心の語で先にきて、チョコレート（ショコラ）が後ろにあります。チョコレートの入ったケーキのことです。

　さて、日本語で、一見この例外になる複合語があります。「じゃがバタ」です。これが「ジャガイモバター」だとすると、これは「バター」の一種ということになるはずです。しかし、「じゃがバタ」は、焼くか茹でるかしたジャガイモにバターが載った食べ物。中心になるのはどう見ても「ジャガイモ」です。

　そこで考えられるのが、「ジャガイモとバター」のような並列の形という場合です。これの省略であれば「じゃがバタ」はあり得る形です。もう一つ考えられるのが、「ジャガイモバター味」のような後半が料理法で後ろから修飾するという特別な場合です。料理関係では「温野菜ブルゴーニュ風」のように、フランス語などと同様、後ろから前を修飾することがあります。ただ、「じゃがバタ」にはフランス料理の名前のような特別な高級感はないかもしれませんが。

（森山卓郎）

3 季語の世界は「四季」ではない？
言葉と季節

　季語と言えば、俳句で季節を表す言葉です。季題とも言います。では、どうして多くの俳句で季語が必要になるのでしょうか。

　俳句はもともと「連句」の「発句」から発達したものです。連句とは複数で一緒に句をつなげていくという文芸です。その発句では、どういったイメージで作っていくかが問題となります。特に、季節感は全体の方向づけを決めるので、重要なポイントです。これが季節を表す言葉である季語が発句に使われる基本的な背景といえます。季語を集めた本が「歳時記」です。

　ただし、現代、ふつうに言われる「季語」での「季節」は「春夏秋冬」という「四季」ではありません。多くの歳時記は「五季」です。「新年」が入るからです。太陰暦から太陽暦になって、1～2か月ほど季節感がずれたため、「お正月」「新春」は「春」ではなく、冬の真っ最中になってしまいました。そのため、「新年」は、冬ではありながら、「新春」という気持ちで迎えることになっています。「迎春」でも、実際はこれからますます寒くなっていくのです。たしかに、「新年」は季節を別に立てる方が現実的です。

　さて、このことと関わって、季節がずれた言葉もあります。例えば、「七夕」「中元」などは、太陰暦から太陽暦への移行によって所属が変わっています。本来秋だったもので、季語としては秋であるものの、暦の関係で、実際には夏になっています。

　季語には日本人の美しい季節感が反映されています。例えば、同じ「風」でも、「風光る」は春、「風薫る」は夏です。「山」でも、「山笑う」

は春、「山粧う」は秋、「山ねむる」は冬です。それぞれに深い観察があります。

「五月雨」もそんな言葉です。「五月雨」つまり梅雨のころの雨は、本州では、降ったかと思うと止んだり、また、降ってきたり、という降り方をします。ですから、「五月雨式」といえば、「ばらばらで、まとまってきたかと思うとしばらく空く」といった感じの、連続・不連続性を表します。よく自然を観察した言葉ではないでしょうか。そう考えると、

　　五月雨を集めてはやし最上川　　　　　　芭蕉

の「五月雨」は、ただの「雨」を集めたというのではなく、いろいろな空間、いろいろな場所での、いろいろな降り方をした「五月雨」を集めた、という読み方ができます。そこに、ある種の空間性、時間性の広がりが読めます。季語には、こうした季語ならではの特殊な意味があります。

次にいくつか代表的な季語を挙げてみましょう。

【春】　山笑う・蛙の目借時・夏蜜柑・別れ霜・竹の秋・風光る・
　　　　ぶらんこ・しゃぼん玉・水ぬるむ
【夏】　葉桜・麦秋・柿若葉・竹落葉・夕焼け・さくらんぼ・
　　　　風薫る・雪渓・蠅・蛇・青蛙
【秋】　墓参り・秋の蟬・鹿・新酒・林檎・夜寒・水澄む・
　　　　曼珠沙華・星月夜・夜なべ・檸檬
【冬】　水涸る・水鳥・小春・紅葉散る・落ち葉・時雨・冬銀河・
　　　　冬の蜂・茶の花・山ねむる
【新年】　初詣・書き初め・去年今年・嫁が君

ちょっと注意が必要なものの一つが「麦秋」です。麦畑では夏のはじ

めに麦が実るので、まるでそこだけ秋のように色づきます。これからますます暑くなっていくという時の「麦の秋」は、はっとするような美しさでもあります。竹落ち葉も、夏なのに突然竹が枯れることがあるからです。

　「嫁が君」もおもしろい言葉です。ネズミのことを指します。正月の間はネズミという言葉を忌み嫌って「嫁が君」と言ったことから来ています。

（森山卓郎）

コラム⑫　号令ことばの地域差

　学校で用いる号令ことばの中には、地域差のあるものがあります。
　たとえば、群馬では、「起立、注目、礼」のように、「気をつけ」にあたることばとして「注目」が使用されます。一方、沖縄では、「気をつけ」の意味で「正座」と言います。授業の開始時であれば、「正座、これから〇時間目の学習を始めます。」のように言うのですが、このとき生徒たちは椅子に座った状態です。椅子の上に「正座」をしているわけではありません。「正座」の字義のとおり、「姿勢正しく座る」ことを「正座」と言っているのです。
　北海道・青森・秋田・宮城には、「修礼」という号令ことばがあります。入学式や卒業式などの式典の際、開始時と終了時にかける号令で、「一同礼」にあたるものです。式次第に「修礼　開式の辞」「閉式の辞　修礼」などと書かれている場合もあります。
　一般に、学校で用いられる号令ことばは、軍隊用語を取り入れたものと言われていますが、「注目」「正座」「修礼」の由来ははっきりしません。一方、使用される範囲が県（道）単位であることから、一度広まった学校用語が、都道府県単位で継承される傾向があることがわかります。

（日高水穂）

コラム ⑬ 季語と俳句

　無季自由律俳句はもちろんですが、伝統的な俳句の中にも、季語のない俳句がたくさんあります。古く芭蕉も詠んでいます。

　　歩行ならば杖つき坂を落馬かな　　　　　　芭蕉

季語が重なって使われることを「季重なり」と言いますが、

　　目に青葉山ほととぎす初鰹　　　　　　　山口素堂

のように、あえて季語を重ねるような句もあります。
（森山卓郎）

コラム ⑭ 中学生は季語をどうとらえるか

　中学生は季語の季節をどう考えているのでしょうか。「小春日和」「時雨」の季節について公立中学校3年の子どもたちに聞いた調査があります（古野典「四季の意味論」京都教育大学2008年度卒業論文）。注意すべきものに、「時雨」と「小春日和」があります。「時雨」は冬の初めの雨のことですが、夕立と間違われているようです。「小春日和」も本当の春ではなく、「まるで春のような日」のことです。季語としては冬ですが、本当の「春」と勘違いすることが多いようです。
（森山卓郎）

	春	夏	秋	冬
小春日和	64 (84.2)	1 (1.3)	7 (9.2)	4 (5.3)
時雨	10 (13.2)	45 (59.2)	15 (19.7)	6 (7.9)

数字は実数 n=76。（　）内は%。

4
外来語よもやまばなし

　外来語はもとの言葉と分野によって特別な意味になることがあります。例えば、江戸時代にオランダ語から入ってきた「ガラス」は硝子という材料全体を表しますが、英語での「グラス」といえば、硝子製の水などを飲むコップを表します。ポルトガル語から入った「カルタ」はトランプなどのゲームのカードを表しますが、ドイツ語から入った「カルテ」は医者の診察記録のカードを表し、英語からできた「カード」は、何かを書き込む小さな紙全体を表します。

　外来語には、元の英語では言わない日本製の外来語もたくさんあります。和製外来語と言います。次のようなものです。

　　バイキング：英語では buffet
　　フロントガラス：wind shield

　以前は、野球の夜のゲームを「ナイター」と呼んでいましたが、これも和製の英語です。ただし、テレビなどでは現在は「ナイトゲーム」と呼んでいるようです。方言差もあります。例えば、関西地方では「モータープール」という看板を見ることがありますが、これは駐車場のことです。自動車をためておく、という発想でしょう。

　日本で最もよく使われているのは英語起源の外来語です。同じ英語から来た外来語でも、語の形は耳で聞いた音を参考にする場合と、文字を意識して取り入れたものがあります。例えば、「ワイシャツ」は「Yシャツ」とも書きますが、おそらく「white shirts」からできたと考えられています。「プリン」pudding なども、「音」からのもので、文字とは合っ

ていませんが、発音はむしろ英語に近いといえます。

多くの外来語は文字やもとの単語を参考にして日本語になおした形になっています。そのため、形から意味が見分けにくいこともあります。例えば電車の「プラットホーム」は platform ですが、単に「ホーム」と略されることがあります。そのため、「老人ホーム」の「ホーム」home と同じような表記です。form を「フォーム」とする考え方で考えれば、厳密には「プラットフォーム」とでもすべきところです。

また、同じ物なのに言い方が違うものもあります。「チャック」は、日本で作られた呼び方ですが、「ジッパー」は、音からきた言葉で英語です。「ファスナー」は「しめる」という意味の動詞 fasten からできた言葉でやはり英語です。同じものでも、言い方がいろいろと違っています。

(森山卓郎)

コラム⑮ 「ジャージ」の語源と「瀬戸物」の語源の共通性？

伸縮性のある体操服のことを「ジャージ」と呼ぶ場合があります。「ジャージ」は外来語で、英語では jersey と書きます。このジャージという呼び名は、イギリス海峡の島の名前、「ジャージー島」から来ています。ここで作られたメリヤス編みで作った服から来た言葉とされています。

ちなみに、「ジャージー牛乳」という牛乳がありますが、これは「ジャージー牛」という牛の種類から採れる牛乳です。そしてその牛の名前は、同じ「ジャージー島」からつけられた名前です。この場合は「ジャージー」と伸ばすようです。「ジャージ」も「ジャージー」ももとは同じ島の名前ですが、最後を伸ばすものも伸ばさないものもあり、まさに伸縮自在と言えるかもしれません。

日本で、陶器のことを「瀬戸物」と言いますが、「瀬戸」は中部地方の地名で、瀬戸で出来た陶器が「瀬戸物」です。地名が物の名前になることは、洋の東西を問わず観察されるようです。

(森山卓郎)

5 スパゲッティとパスタ

　イタリア料理の愛好家が増え、食材の定番であったスパゲッティ spaghetti とマカロニ maccheroni（マッケローニ）の他に、ペンネ、ラザーニエ、ファルファッレ、フジッリなど多様な種類のパスタ pasta に人気が集まっています。

　言語的に興味深いのはスパゲッティやマカロニが複数形だという点です。英語からの外来語ヌードルも、もとの英語はヌードルズ noodles という複数形です。日本語ではすべての物を単数・複数で区別する習慣がないため、英語に必要な複数語尾 s をなくして日本語化しています。

　その点スパゲッティやマカロニはイタリア語の複数形がそのまま外来語として定着してきました。文法とは無関係に食材の名が普及したためと言えます。

　イタリア語では、名詞の性と数は語尾で区別されます。e を例外として、o が男性、a が女性名詞の語尾です。複数形語尾の基本は男性が i、女性が e です。このことから、スパゲッティやマカロニは男性名詞の複数形であることがわかります。単数形はスパゲット spaghetto（細い紐）、マッケローネ maccherone（間抜け）です。なお、spaghetto の -etto はスパーゴ spago（紐）に付いた小さいことを表す縮小辞です。

　ペンの形をしたペンネ penne は女性名詞複数形で、単数形はペンナ penna です。蝶ネクタイを連想させるファルファッレ farfalle も複数形であり、単数形はファルファッラ farufalla（蝶）です。その他、フジッリ fusilli（螺旋状）、ラザーニエ lasagne（薄板状）、トルテッリーニ tortellini（ひき肉、チーズ、卵を混ぜて詰めたもの）、リガトーニ rigatoni（マカロニよ

り太く筋が入ったもの）等々、パスタの種類は多様です。これは日本のうどん、きしめん、冷麦、素麺などの名づけ方と類似の発想ですが、イタリア麺の種類が30種近くあるのは驚きです。

　同じ素材を多様な形に作り、それぞれの調味料を工夫して豊かな食生活を作り出す、それがパスタ料理です。地域の素材を生かすスローフード運動の発祥地がイタリアであることも納得できます。

　イタリア語のパスタには麺類の他にケーキの意味があり、ケーキ屋さんはパスティッチェリア pasticceria です。

　文法的にはパスタは女性名詞単数形ですが、アクア acqua（水）と同様数えることができない名詞（物質名詞）に分類されます。単数複数の区別がないのは麺類に成型する前の練り物だからです。

　語源はラテン語のパースタ pasta（糊、練り粉、軟膏）ですが、英語ではパースタ pasta が麺類、ペイスト paste が糊、魚肉の練り物、練り歯磨き（toothpaste）です。ドイツ語では練り歯磨きがパスタ Pasta、料理のペーストはパステ Paste です。パステル画もパスタの派生語です（ちなみに、ドイツ語の名詞は語頭を大文字で表記します。念のため）。　　　（石田美代子）

　［参考文献］　日伊文化交流協会監修『現代イタリア情報館』（ゑゐ文社）、入江たまよ著『おいしいイタリア語』（三修社）

6 ブーツとスニーカー

　身につける物を表す単語の靴 shoes や靴下 socks、ズボン trousers、手袋 gloves、眼鏡 glasses などは英語では常に複数形が使われます。

　日本語ではブーツ boots、パンツ pants、ジーンズ jeans などが複数形のまま外来語として定着していますが、スニーカー（sneakers）、スリッパ（slippers）などは日本語的に単数で表現しています。

　ヨーロッパ系言語の特徴である数感覚は難しいものとされますが、日本語化された身近な外来語にも注意が必要です。

　2つの部分を1組と考える数意識の源は古代ギリシャ語にあり、密接だと感じる2つのものを特に両数として表現していました。単語は単数・両数（双数）・複数に分けて語尾変化で区別しています。ローマ時代（ラテン語）になると語尾変化による両数は衰退しますが、双数感覚は現代語の数え方に受け継がれます。双数単語の数量表現が1組の…になる点です。英語で靴1足は a pair of shoes ですが、イタリア語も un paio di scarpe（単数はスカルパ scarpa）と表現します。2個以上の数は two pairs of ～とペアが複数形、イタリア語のパイオも複数形のパイア paia になります。ズボンも眼鏡も1個はペアで数えます。ペア、パイオの語源はラテン語の par パールで、対・組・仲間の意味です。

　2つ1組の双数語では、辞書の見出しが単数と複数の2種類に分かれます。鋏 scissors や眼鏡は複数表示ですが「単数扱い」、靴、手袋などは単数形の見出しで「通常は複数」と書かれています。

　手袋の単数形用法には野球のグラブ glove やミット mitt（複数形は mitts または mittens）があります。

靴関係も一般的な語では単数形を用います。shoe shop 靴店、shoe maker 靴職人、shoe string 靴紐、shoe polish 靴墨などです。また、シンデレラがあわてて忘れてきたのは《Cinderella left a shoe behind.》片方の靴で a shoe でした。

　目の場合は、目付きや目の色など両目に関係するときは複数形の eyes ですが、観察など集中して見るときは単数形 eye です。野球のバッターは a batting eye（選球眼）を持つ必要があり、顕微鏡を用いる科学者は a sharp eye で観察するという感覚だといえそうです。

　日本語では靴は1足、屏風は1双と漢語の助数詞で双数を表現し、両は両親・両手、双は双生児や双方など2つ1組の意味で使っています。

　現代中国語では双は靴、手袋の量詞で、靴は1双鞋（i イー shuang シュアン xie シエ）、手袋は1双手套（i イー shuang シュアン shoutao ショウタオ）と表現します。眼鏡も双数の量詞の副（fu フー）を使います。

（石田美代子）

［参考文献］風間喜代三著『ラテン語とギリシア語』（三省堂）

7 アカ（閼伽）とアクア

　奈良の東大寺二月堂では3月1日から14日まで「修二会」の行事が行われます。13日の未明に閼伽井（若狭井）から仏に供える香水（閼伽）が汲みあげられることから「お水取り」と呼ばれています。

　閼伽（アカ）は仏教の言葉で、源氏物語若紫の巻にも、仏に「閼伽たてまつり……」という表現が見られます。

　中国の唐時代、玄奘三蔵（三蔵法師）がインドから持ち帰った仏教経典は、古代のサンスクリット（梵語）で書かれているため、中国語に翻訳（漢訳）されます。漢訳できない仏教用語は、発音に近い中国音の漢字で表記されました。アカ argha（閼伽・浄水）の他、ブッダ buddha（仏陀・覚者）、サンガ samgha（僧伽・僧）、アスーラ asura（阿修羅・非天）、ダーナ dana（旦那・施主）、カパーラ kapala（瓦）、ストゥーパ stupa（卒塔婆・塔）などがその例です。

　スペイン語やイタリア語を学ぶと、水をアクアと表現していて、閼伽井のアカと似ていることに興味をそそられます。ラテン語でも水はアクア aqua です。

　こうした古代インド語とヨーロッパ系言語の類似に気づいて、共通祖語の存在を推測したのがイギリスのウィリアム・ジョーンズです。彼は18世紀末インドに派遣されていた判事であり、インド古来の法律研究のためサンスクリットを調べている中で多くの共通する点を発見します。その後、ヨーロッパ系言語とインド・イラン語との関係の研究がすすみ、「インド・ヨーロッパ語族（印欧語族）」という言語学上の分類が成立します。

現代語で水をアクアという言葉はイタリア語 acqua、スペイン語 agua、ポルトガル語 agua などです。ラテン語を受け継ぐこれらの言語は「ロマンス語派」と呼ばれています。

　英語では水は water、ドイツ語は wasser ヴァッセル（またはヴァッサー）、オランダ語は water ヴァーテルであり、ロマンス語とは別の「ゲルマン語派」に属しています。

　言語系統は、語族・語派・語という流れで分類されます。英語とオランダ語とドイツ語はゲルマン語の中の西ゲルマン語であり、最も近い親戚関係の言葉です。幕末にオランダ医学（蘭学）を学んでいた福沢諭吉などが、英語をすばやく習得できたのもそのためと言えます。

（石田美代子）

8 メガ・ミクロ・ギガ・ナノ

　科学が身近になった現代社会では、古代ギリシャ語やラテン語からの学術用語が日常語としての地位を広げてきています。
　ギリシャ語は印欧語族の中では単独でギリシャ語派を形成し、ラテン語とは系統を異にしますが、古代ギリシャの優れた文化は多くの単語と文字を含めローマに多大の影響を与えます。
　ギリシャ語の「アルファ・ベーター」をもとにローマでつくられた「ラテン・アルファベット」が各言語のアルファベットになっていきます。
　ギリシャの古典を記録した古典ギリシャ語とローマの文献を記したラテン語は学問や宗教の言語として後世に伝えられますが、同時に社会の変化や科学の発達によって生じた分野の専門用語の造語源として重用されます。
　学術用語の条件は、意味変化がなく共通認識が得られる点です。古典ギリシャ語とラテン語は非日常語であり、ヨーロッパ系言語では類似する語が多く、特に国際的協調が必要な分野で造語能力を発揮しています。
　ギリシャ語のアルファベットではアルファα、ベータβ、ガンマγの他、デルタΔ、パイπなどがよく知られています。三角地帯のデルタは文字の形、パイ（円周率）はギリシャ語の円周 perimetron ペリメトロンの頭文字π（ピーpi）を英語読みにしたものです。
　1875年の国際会議でメートル法が締結され、日本も1885年（明治8）に加入します。ただし、完全実施は1962年（昭和37）以後です。
　基準値を1に設定し、10倍、100倍……にはギリシャ語の、1/10、1/100……にはラテン語の数字を接頭辞にした語を用いています。

ギリシャ語の数字（記号）

10＝ デカ deka (da) 10倍
100＝ ヘクト hekaton (h) 100倍
1000＝ キロ khilio (k) 1000倍

ラテン語の数字（記号）

10＝ デシ decem (d) 1/10
100＝ センチ centum (c) 1/100
1000＝ ミリ mille (m) 1/1000

ギリシャ語のヘクトの例には、ヘクタール、ヘクトパスカル（ミリバール）があります。

ラテン語の centum からは貨幣のセント、長さのセンチ、percent パーセント、世紀の century が生まれ、西暦2000年には Millennium ミレニアムという言葉が1000の mille を広めました。1958年にはギリシャ語の接頭辞を追加、1960年に20の接頭辞の国際単位系 SI が設定されます。

100万＝ メガ mega（M）大　　ミクロ micro（m）小
10億＝ ギガ gigas（G）巨人　　ナノ nano（n）小人
1兆＝ テラ teras（T）怪物　　ピコ pico（p）小さい
1000兆＝ ペタ（P）　　　　　　フェムト（f）
100京ケイ＝ エクサ（E）　　　　アト（a）
10垓ガイ＝ ゼタ（Z）　　　　　ゼプト（z）
1ジョ＝ ヨタ（Y）　　　　　　ヨクト（y）

※ SI=Le Systeme international d'unites

コンピュータ computer の語源は、ラテン語の動詞で計算の意味の computare です。デジタルもラテン語の diget 指→数字です。現代イタリア語の指は dito であり、英語もアラビア数字の0〜9は digit です。ちなみに、アラビア語ではこの算用数字をインド数字と言っています。また、マイクロはミクロの英語読みです。　　　　　　　（石田美代子）

［参考文献］I. アシモフ著　小尾信彌監修　東洋恵訳『科学の語源250』『続 科学の語源250』（共立出版）

コラム16 わかりにくい外来語

　外来語にすることでわかりにくい言葉になることがあります。国立国語研究所の調査で国民の25%未満しか理解できない外来語というのをちょっと見てみましょう。横の日本語はそれに対する言い換え例です。少しでもみんながわかりやすいように、言葉を選びたいものです。

（森山卓郎）

- アーカイブ　保存記録　記録保存館
- エンフォースメント　法執行
- オフサイトセンター　原子力防災センター
- コンソーシアム　共同事業体
- サムターン　内鍵つまみ
- ストックヤード　一時保管所
- デジタルデバイド　情報格差
- デフォルト　(1)債務不履行　(2)初期設定
- ボトルネック　支障
- ポートフォリオ　(1)資産構成　(2)作品集
- ユニバーサルサービス　全国一律サービス
- リードタイム　事前所要時間　調達期間

コラム 17 国語辞典を引いてみよう

日本語の辞典は大型国語辞典、中型国語辞典、小型国語辞典の三つに分かれます。

- 大型国語辞典：分冊。古語掲載。ことばの移りかわり。初出例、出典を明記。
  →『日本国語大辞典』（50万）、『時代別国語大辞典』など
- 中型国語辞典：1冊。古語掲載。固有名詞や専門語などの百科項目。部分的に出典明記。
  →『広辞苑』（20万）『大辞林』『学研国語大辞典』など
- 小型国語辞典：1冊。近代以降の使用語。国語項目。用例は作例した典型例。
  →『岩波国語辞典』『新明解国語辞典』『明鏡国語辞典』など

ただし、中型国語辞典の方が、小型国語辞典よりも説明が詳しいかと言えば、そうともかぎりません。単純に項目と文字の関係を整理すると次のようになります。

『広辞苑』第5版　　209458項目　　13764104文字　　平均65.7文字
『明鏡国語辞典』　　61346項目　　4454464文字　　平均72.6文字

さて、国語辞典にはどのくらいの語が載っているのでしょうか？『岩波国語辞典』の公称掲載語数は、「約6万3千語」ですが、実際に立てられた見出し語は56257個。「あまい【甘い】」という項目の下には、「あまさ」や「あまみ」などの派生語も掲載されています。掲載語数として数えるときには、これらの派生語も数えるために、このようなずれが生じるのです。

（矢澤真人）

9 国語辞典のまんなかの字？

　五十音順で真ん中（23番目）に来るのは、「ぬ」です。では、国語辞典で真ん中に載る言葉はどの仮名で始まるのでしょうか？

　答えは「し」～「せ」です。『岩波国語辞典』では、「せつ」という言葉が真ん中。五十音にまんべんなく言葉が分布しているのではなく、前の方が多いためです。

　次に、国語辞典では、どの仮名で始まる見出し語が多いか、も調べてみましょう。

　　　『岩波国語辞典』で1位は　　「し（じ）」　　　　5920語
　　　『岩波国語辞典』で2位は　　「か（が）」　　　　3659語
　　　『岩波国語辞典』で3位は　　「き（ぎ）」　　　　2804語

　これらの仮名で始まる言葉が多いのは、日本語に漢語が多く含まれるためです。例えば、常用漢字音訓表は、原則として漢字を音読みで五十音順が並べているが、仮名ごとの数は以下のように「し」が圧倒的に多く、次いで「か」「き」「こ」の順になります。当然、「し」「か」「き」「こ」で始まる熟語も多くなるのです。

「常用漢字音訓表」配列仮名別漢字数

ア	9	カ	146	サ	65	タ	61	ナ	4
イ	35	キ	135	シ	304	チ	68	ニ	12
ウ	6	ク	19	ス	20	ツ	4	ヌ	0
エ	33	ケ	80	セ	92	テ	44	ネ	6
オ	21	コ	113	ソ	72	ト	74	ノ	6
計	104	計	493	計	553	計	251	計	28
ハ	69	マ	16	ヤ	8	ラ	13	ワ	
ヒ	49	ミ	8	ユ	21	リ	43		
フ	50	ム	5	ヨ	30	ル	4		
ヘ	25	メ	11			レ	23		
ホ	68	モ	13			ロ	14		
計	261	計	53	計	59	計	97	計	6

　では、国語辞典では、どの仮名で終わる見出し語が多いのでしょうか？

　　『岩波国語辞典』で1位は　　「う」　　　　　　　　　　7679語
　　『岩波国語辞典』で2位は　　「ん」　　　　　　　　　　7633語
　　『岩波国語辞典』で3位は　　「い」　　　　　　　　　　5758語

　これも、漢語が多いからです。漢語終わりの音はこれらの「う」「ん」が多いのです。
　最後に、国語辞典では、どの行に掲載される語が多いでしょうか？

　　『岩波国語辞典』で1位は　　カ・ガ行に掲載される語　　12006語
　　『岩波国語辞典』で2位は　　サ・ザ行に掲載される語　　11930語
　　『岩波国語辞典』で3位は　　ハ・バ・パ行に掲載される語　8094語
　　『岩波国語辞典』で4位は　　タ・ダ行に掲載される語　　7414語
　　『岩波国語辞典』で5位は　　ア行に掲載される語　　　　6534語

『岩波国語辞典』で6位は	マ行に掲載される語	3294語
『岩波国語辞典』で7位は	ナ行に掲載される語	2428語
『岩波国語辞典』で8位は	ヤ行に掲載される語	2060語
『岩波国語辞典』で9位は	ラ行に掲載される語	2020語
『岩波国語辞典』で10位は	ワ行に掲載される語	474語

そして、

『岩波国語辞典』で11位は	ンに掲載される語	3語

ン行ですが、三つあるだけでも驚きかもしれません。

　見出し語の文字数の平均も調べてみました。3.97文字でした。見出し語の平均の長さは『岩波国語辞典』で3.97文字。『岩波国語辞典』では、4文字が全体41.1%、3文字が23.3%、5文字が18.4%と、これだけで82.8%になっています。一方、『広辞苑』では平均4.9文字、4文字の言葉が全体の30.1%、5文字が20.1%、3文字が15.7%を占めます。複合語を多く収録する広辞苑では平均の長さも長くなるのです。（矢澤真人）

コラム⑱ 国語辞典のトリビア
仮名ベスト10、長い語ナンバーワン

　見出し語全体に現れる平仮名では、何が多いのでしょう。
　ベスト10は、「う、ん、い、し、く、き、か、つ、り、こ」
　片仮名のベスト10は、「ー、ン、ト、ル、リ、イ、ク、ラ、ア、シ」です（ただし、長音符は記号であり、仮名ではないのですが）。
　平仮名で見出しが立つ言葉（和語・漢語）と片仮名で見出しが立つ言葉（外来語）では、ラ行音の割合が異なります。

　　ラ行音の割合（平仮名）6.7%（13879/205563）
　　　　　　　　　（片仮名）13.2%（2294/17330）

　これは、日本語の和語ではラ行で始まる言葉がほとんどないからです。ちなみにおとなりの朝鮮語（韓国語）でも同様です。
　外来語らしさを出すために、「スグナオール」「ネルトミエール」など、えせ外来語には長音やラ行音、撥音を含むものが多いことから、逆に外来語らしさの特徴も理解できます。
　最も長い見出し語はどうでしょうか。次のようなものがあります。

　『岩波国語辞典』：16字　インフェリオリティコンプレックス
　『広辞苑』：28字　　　　アメリカろうどうそうどうめいさんぎょうべ
　　　　　　　　　　　　　つくみあいかいぎ

（矢澤真人）

10 国語辞典の語釈を比べる

「にがい」という性質はどう説明すればいいのでしょうか。辞典では次のようになっています。

 Ⅰ　舌が刺激され、口をゆがめたくなるような味を感じる。「このコーヒーは少し—ね」「秋刀魚は、腸の—ところが好きだ」
 Ⅱ　（二度と味わいたくないような）いやな感じの味だ

どちらも、語釈だけでは、「しぶい」や「からい」と区別ができていないのではないでしょうか。特に、Ⅱは、ビールやコーヒー、ニガウリなど苦みをうま味とする食品があることが説明できません。Ⅰは、用例も含めて見ると区別が付きます。

このように、語釈について考えるのもおもしろい「辞典の読み方」です。では、ここで、「あるく」について辞典での情報量を比べてみましょう。『広辞苑』第5版の現代語に関する情報は155字でした。

> ある・く【歩く】〔自五〕①一歩一歩踏みしめて進む。歩行する。あゆむ。天草本伊曾保物語「踊つつ跳ねつつして喜うで道を—・いた」。「—・いて帰る」②あちこち移動する。徒歩または乗物で動き回る。万葉集(3)「河風の寒き長谷（はつせ）を嘆きつつ君が—・くに」。「名所を—・く」「日本の各地を—・く」③野球で、打者が四死球で一塁に進む。　④（動詞の連用形、またはそれに接続助詞「て」の付いた形を受けて）…してまわる。万葉集(5)「這ひ乗りて遊び—・きし」。

「悪口を言いふらして―・く」

一方、『明鏡国語辞典』では、現代語に関する情報は406字でした。

> ある・く【歩く】〔自五〕①両足が同時に地面から離れないような足の運び方で進む。あゆむ。歩行する。「野山を―」「肩を落としてとぼとぼ―」「学校は―・いて五分の所にある」〔表現〕「走る」に対して、ゆっくりした足の運び方に注目して言う。②乗り物を使わないで移動する。「行きはバスだが帰りは―」◇乗り物利用の有無に注目した言い方。③あることをするために、あちこちを動き回る。あちこちで〜して回る。「あちこちを金策［取材］に―」「取引先を―・いて注文をとる」「団地を回って車を売り―」「夜の酒場を飲み―」「方々を尋ね―」〔表現〕移動行為に注目した言い方で、徒歩である必要はなく、また乗り物を使ってもよい。「宣伝カーで市中を触れて―」④野球で、打者が四死球によって塁に出る。「フォアボールで一塁に―」「四番打者を四球で―・かせる」⑤月日・年月を経る。すごす。あゆむ。「―・いてきた道［半生］を回顧する」〔可能〕歩ける〔名〕歩き

実は、このように、小型国語辞典の方が語釈が詳しく、用例も豊富なことが多いようです。普通名詞や動詞、形容詞など、ことばそのものの使い方を知るには、中型国語辞典よりも小型国語辞典の方がふさわしいとも言えます。用途によって辞典を使い分けることが望ましいのです。

（矢澤真人）

11 試験に出る四字熟語

実際にはどの程度使われているのか

　漢字検定の問題（5級以上）には、四字熟語の問題が出てきます。四字熟語の問題は正答率が低く、生徒にとって苦手な分野のようです。漢字検定で出題される四字熟語には、日常生活でよく使われ、中高生にも親しみのある語もあれば、ほとんど聞いたことがなく、一般的な国語辞典にも載っていない語もあります。そこで、よく使われる四字熟語にどのような語があり、あまり使われない四字熟語にどのような語があるのか、準2級と3級の漢字検定対策用テキスト（『漢字学習ステップ』日本漢字能力検定協会、2009年）に収録されている四字熟語を取り上げ、それを「現代日本語書き言葉均衡コーパス」の検索デモンストレーション版にかけて調べてみました（2010年9月実施）。

　「コーパス」とは言語分析を行うために書き言葉や話し言葉の資料を収集したものですが、今回使用した「現代日本語書き言葉均衡コーパス」は国立国語研究所が中心となって開発を進めているコーパスです。一般の書籍、政府刊行白書、国会会議録、検定教科書、ネット上の知識検索サービスとブログの6種類のデータ、合計4600万語が検索対象となっていて、検索したい文字列（語句）を入力して検索すると、前後の文脈も含めた使い方がわかります（2012年3月には、11種類のデータ合計約1億500万語が検索対象になっています）。調査対象となる四字熟語は、3級用テキストから143語、準2級用テキストから145語で、重複する語を削って250語です。

　では、準2・3級の四字熟語の中でよく使われる四字熟語とはどのような語でしょうか。上位10語を挙げてみると次のようになります。

1. 試行錯誤　2. 創意工夫　3. 単身赴任　4. 大義名分
5. 新陳代謝　6. 臨機応変　7. 優柔不断　8. 日常茶飯
9. 本末転倒　10. 無我夢中

　いずれもよく耳にする語で、漢字の読み書き問題にも出題されるくらいです。「創意工夫」以外は手元の国語辞典（『学研現代新国語辞典』改訂第四版）にも見出し語として挙げられおり、一般的に認知度の高い語と言えましょう。ただ、「日常茶飯」はほとんどが「日常茶飯事」で使われており（70例中61）、四字熟語と言われると多少の違和感を覚えてしまいます。
　これに対して、あまり使われない四字熟語とはどのような語でしょうか。準2・3級のヒット数なしの四字熟語を挙げてみると次のようになります。

　　熟慮断行、漫言放語、円転滑脱、孤城落日、流言飛語、博学多才
　　失望落胆、活殺自在、暗雲低迷、老成円熟、名実一体、明朗快活
　　比翼連理、朝三暮四、一読三嘆、酔生夢死、夏炉冬扇、気炎万丈
　　無為自然、却下照顧、異端邪説、英俊豪傑、内疎外親、音吐朗朗
　　鼓舞激励、金城鉄壁、巧遅拙速、力戦奮闘、不朽不滅、是非曲直
　　千慮一失、妙計奇策、竜頭蛇尾、和敬静寂

　このうち、手元の国語辞典に見出し（四字熟語由来の成句も見出しに含む）も用例も挙げられていない語は、次のようになります。

　　漫言放語、失望落胆、暗雲低迷、老成円熟、名実一体、異端邪説
　　英俊豪傑、内疎外親、是非曲直、妙計奇策、一読三嘆、無為自然
　　鼓舞激励、力戦奮闘、不朽不滅

第3章　日本語の語彙　85

いずれも前後2字の熟語に分けて国語辞典で調べ、それらの意味関係を考えて四字熟語の意味を類推することになります。ただ、「内疎外親」は「内疎」も「外親」も国語辞典に挙げられておらず、四字熟語としての意味が取りにくくなっています。ちなみに、「内疎外親」を検索サイトで調べてみると、「意味を教えて下さい」と尋ねる知識検索サービスがヒットします。このことからも「内疎外親」は馴染みの薄い四字熟語だと言えましょう。もちろん、ほとんど用例が見当たらないからと言って、覚えなくていいというわけではありませんが、学習すべき語彙とその使用実態との関係は、少し気にかけた方がよいことなのかもしれません。

（松崎史周）

コラム⑲　新聞で使われる四字熟語

　新聞にはどのような四字熟語が使われているのでしょうか。漢字検定用テキスト（準2級・3級）に収録されている四字熟語250語を、毎日新聞の記事データベース（2009年版）にかけて調べてみました。2009年1月1日～12月31日の1年間に使われた四字熟語を頻度順に挙げてみます。

【漢字検定準2級3級・よく使われた四字熟語】
　試行錯誤（147回）　喜怒哀楽（50回）　一喜一憂（44回）
　疑心暗鬼（40回）　悪戦苦闘・創意工夫（34回）　単身赴任（33回）
　大義名分（29回）　臨機応変（27回）　起死回生・事実無根（26回）

　「試行錯誤」の多さは意外ですが、頻度の高い語はいずれも日常よく耳にする語です。ただ、今回調査した250語のうち全く使われなかった語が131語もあり、実に半数以上を占めています。年間10回以上使われた語も30語に過ぎません。こうして見ると、新聞で使われる四字熟語はかなり限られてくると言えそうですね。

（松崎史周）

コラム❷⓪ 「アメニモマケズ」の「ヒデリ」

　宮沢賢治の「アメニモマケズ」は、暗唱の題材などにもなっています。賢治の思いが大変よくわかる詩です。しかし、この詩には議論になる言葉があります。

　　ヒデリノトキハ　ナミダヲナガシ
　　サムサノナツハ　オロオロアルキ

　という一節ですが、この中の「ヒデリ」の読み方を巡っていろいろな説があるのです。その理由は、宮沢賢治の手帳には「ヒドリノトキハ」と書かれていたからです。しかし、「ヒドリ」では意味がわかりません。そこで、「ヒデリ」にされ、そのまま流布してしまったというのです。
　しかし、岩手県では日照りの時は凶作がないと言う俗説があり、それによれば「ヒデリノトキ」に泣くのは考えにくいとも言われています。「ヒドリ」の解釈として、小作人など日雇いの日当という意味の「ヒドリ」、「ひとり」の「と」が「ど」になった誤記などの説もあるようですが、本当のところはわかりません（日本経済新聞2002年7月7日朝刊）。
　このようなテクストの読み解きの不十分さによる問題は「永訣の朝」や「銀河鉄道の夜」にもあるとされます。また、「オツベルと象」は昔は「オッベルと象」と書いてありましたが、調査の結果、現在では「オツベルと象」とされています。
　「銀河鉄道の夜」でも表現に注意が必要です。作者が晩年に構想を変えたために、原稿に黒インクで、さらに別紙で追加などがされています。たとえば、ジョバンニの見る銀河鉄道旅行の夢は、当初ブルカロニ博士の一種の心理実験だったものが、最終的には誰かから誘導されたのでなく、自分で見た夢となっている、といった点です。作者の没後に為された原稿解読と活字化の際の判断ミスだったとされていますが、修正されないまま出版され続けたものもあるということです（1996年4月18日読売新聞夕刊）。
　たくさんの教科書に採録されている「舞姫」も底本が異なるためか、読

第3章　日本語の語彙　　87

みの安定しないものもあります。「人知らぬ恨みに頭のみ悩ましたればなり」の「頭」は「かしら」と「こうべ」の二通りのルビがあります。「よしや我が身は食らはずとも」「たとひ我が身は食らはずとも」のように違う言葉になっているものもあります（意味はほとんど同じですが）。

　芥川龍之介は「上る」と「上がる」を他作品では区別していたのですが、「羅生門」では「上る」は一種類でルビがなかったということです。ところが、教科書では区別されていることが多いといいます（田島光平1987「アガルとノボル─『羅生門』の『上る』のよみをめぐって」国語通信6＋7、筑摩書房）。これらは内容の解釈には大きくは影響しません。しかし、音読や朗読が重要視される昨今、やはり考えさせられますね。　　　　　　（川端元子）

第4章
日本語の文法

「文法」というとなんだかややこしい話のように思われがちですが、言葉の使い方のルールに関する話題です。ここでは、「ら抜き」や「さ入れ」といったよく取り上げられる問題のほか、いわゆる品詞の問題、活用の問題といった学校で教えられる話題を広く考えましょう。方言や敬語なども取り上げたいと思います。

1 「ら」抜き言葉と「さ」入れ言葉

(1)「ら」抜き言葉

　「ら」抜き言葉(以下、ら抜き言葉と呼びます。あるいは、単に「ら抜き」とも言います)とは、「来れる」「食べれる」「見れる」「着れる」のような表現です。これらは伝統的には正しいとされない形です。「来られる」「食べられる」「見られる」「着られる」のような形が本来の形です。そもそも、五段活用の動詞(「ない」をつけるときに、ア段の音が前にくる動詞、例えば、「歩く、飲む、座る」など)の可能表現は、「歩ける」(aruk—eru)のように、おわりが「〜(え)る(—eru)」という可能動詞になっています。

　一方、五段活用動詞以外の動詞が可能を表すには、「られる」をつけるのが伝統的な表現法です(「今日はゆっくり映画が見られる」など)。しかし最近では、「見られる」などとは言わないで、「見れる」のように、「ら」を抜いた言い方をする人が増えてきています(五段活用動詞以外の動詞とは、「〜ない」をつけて、ア段の音にならない動詞)。

　例えば、「見る」「伸びる」「受ける」「止める」のような動詞の場合、可能の表現は、「見られる」「伸びられる」「受けられる」「止められる」という形で、助動詞の「られる」をつけないといけない、というのが本来の使い方です。それに対して、「見れる」「伸びれる」「受けれる」「止めれる」などがら抜きです。特に、カ変のら抜きである「来れる」という形はよく見られます。

　どうして、ら抜き言葉が増えてきたのでしょうか。三つの原因が考えられます。同じ「見る」(上一段活用)のような動詞も、「考える」(下一段活用)のような動詞も、ともに、「る」で終わる五段活用の動詞、例えば、

「断る」「走る」「滑る」などと、一見して同じ形です。五段活用の動詞の場合、「相手が相手だけに、うまく断れるかどうかわからない」「こうすればもっと速く走れる」のように、「〜れる」という可能動詞の形、すなわち「ら」がない形になっています。これと同じような類推を働かせると、「見れる」「考えれる」といった「ら」抜きの表現ができてしまいます。このように、よく似た「る」終わりの五段活用と、一段活用の「る」終わりの動詞とが同じ形だと類推してしまうことで、ら抜きの表現ができてしまうのです。

　言い換えれば、活用語によって可能の言い方に二つの種類があるのですが、そこに統合の意識が働くという見方もできます。可能の表現は「-eru」という形だ、という意識が働くとすれば、「走る」が「走れる」になるのと同じく、「見る」も「見れる」になる、と感じるのは自然です。この奥には五段活用化ということも指摘できます。

　さらに、もう一つの背景として、「られる」が受け身や尊敬など他の意味をも表し意味的に紛らわしいこと、なども指摘できます。ら抜きだと可能しか表さないので意味がはっきりします。

　さいごに、「ら抜き」が使われる方言がもともとあり、それが広まったという指摘もあります。活用や語形には方言差もあるのです（コラム31参照）。そうした社会的要因も無視できません。

(2) さ入れ言葉

　「ら抜き言葉」に対応する使役的表現が、「さ入れ言葉」です。使役の表現では、本来の五段活用動詞には「せる」をつけます。「読む」「歩く」「飲む」などはいずれも「読ませる」「歩かせる」「飲ませる」となるのです。ところが、例えば「読まさせる」「歩かさせる」「飲まさせる」のように五段活用の動詞に「させる」を使ってしまうのが「さ入れ」です。特に「させて頂きます」という形では「読ませて頂きます」と言うべきところで「読まさせて頂きます」のような表現をよく耳にします。

「させる」は、本来五段活用動詞以外の動詞が使役を表す場合に使われる形です。例えば、「見る」「受ける」のような動詞の場合、使役の表現は、「見させる」「受けさせる」という形で、助動詞の「させる」をつけます。ですから、「ら抜き」は五段活用にあわせた形への変化と言えるのに対し、「さ入れ」は、逆に五段活用から離れる方向での変化と言えます。特にサ変動詞では「遠慮させて頂きます」「連絡させて頂きます」などとよく言いますので、この形からの連想があるように思われます。
　「ら抜き」も「さ入れ」も、活用型の区別がなくなるという傾向での変化であるという点は一致しています。

（森山卓郎）

コラム㉑ 「と」と「や」

　並列に名詞を並べる「と」「や」は、「国語と数学」「国語や数学」のように似た用法があります。この違いは何でしょうか。

　まず、「と」は組み合わせるところに意味があります。「親と子」のようにペアになるものでも、「老人と海」のように本来別のものでも、概念が組み合わされればそれで表現として成り立ちます。

　一方、「や」の本質的な性質は、もともと同類のものからいくつかの例を例示するという並べ方です。そのため、本来全く別のものを「や」で結ぶことはできません。例えば、「老人や海」というと何のことかわかりません。これらが共に例となるような関係は想像しにくいからです（「老人」や「海」のような名詞、のように考えればこの表現でも成り立ちます）。

　「と」と「や」の列挙の仕方も重要です。「と」はそれだけですが、「や」はほかにもあるという解釈になります。例えば、「コーヒーと紅茶が自由に飲める」では、その二つだけですが、「コーヒーや紅茶が自由に飲める」だと、ほかにもありそうな気がします。「や」は例を挙げるという意味だからです。

　また、「眠気を覚ますにはコーヒーや紅茶を飲むといい。」という文では、「コーヒー」「紅茶」のいずれか一方だけでもよいという解釈ができます。これに対して、「眠気を覚ますにはコーヒーと紅茶を飲むといい。」とすると、「コーヒーと紅茶の両方」を飲むという意味になります。これも「や」が例を挙げる使い方であるのに対して、「と」が組み合わせて列挙する使い方であることと関連しています。

　「と」は強力な連結の働きをもっています。それだけに連結は具体的で明確です。一方、「や」はもともと同類で、その列挙される内容はさほど明確ではありません。しかし、そのぶん含蓄があるともいえるかもしれませんね。

（森山卓郎）

2 「はらった」でなく「はろ(う)た」？
関西方言の文法

　活用の学習をする場合、方言差に注意するのも一つの方法です。ここでは、関西方言を取り上げてみましょう。まず、動詞の場合から。
　基本的に「う」で終わる動詞に「た」「て」をつける場合、関西方言と共通語では表現が違います（「問う」などはこの限りではありません）。例えば、「はらう」「かう」「もらう」など、終止形が「う」で終わる動詞に「た」「て」がついた形は、共通語では、「はらった、かった、もらった」となりますが、関西方言では、「はろた、こうた、もろた」となります。もとの形は、「はろうた、かうた、もらうた」で、「う」の音に変わっているのです。これらの動詞は、本来「はらふ、かふ、もらふ」のようなハ行の四段活用動詞ですが、これが現在ではワ行の活用になっています。

　　　はらひ＋て　かひ＋て　もらひ＋て

となるところで、関西地方では、「ひ」がワ行の「ゐ」の音となり（「がっこうへ」と書いて「がっこうえ」と読むのと同様）、そこからさらに「う」の音に変わったと考えられています（48ページ参照）。
　さて、形容詞の場合も、「はやく」は、関西方言では「はやう」になります。この音が少し変わって、「はよ(う)」となっています。
　助動詞ではっきりと違うのは、否定が「へん」「ん」になること、「だ」が「や」になること、などです。否定との関係で言えば、「あらない」という言い方は共通語にはなく、「ない」と言います。ところが、関西方言

では「あらへん」という言い方ができます。「ありはせぬ」→「ありゃせん」→「あらへん」といった変化があったことによると考えられますが、そうした背景から助動詞の使い方に違いがあるのです。

　格助詞の省略や終助詞なども方言による違いがあります。例えば、

　　客A「お金がない、私の代わりにお金を払ってよ。」
　　客B「そんなのいやだ。私、お酒飲んでいないし。」
　　店の人「あの、すみません、はやく、はらってくださいませんでしょうか。」
　　客A「じゃあ、まけてくれない？」

という会話を関西方言にしてみたら、次のようになります。

　　客A「お金、あらへん。私の代わりにお金はろてえな。」
　　客B「そんなんいやや。私、お酒、飲んでへんし。」
　　店の人「あの、すんません。はよ（早う）、はろてくれやはりませんやろか。」
　　客A「ほな、まけてくれへん？」

（森山卓郎）

コラム22　はる敬語

　京都などでは「はる」を尊敬語のように使いますが、使い方が少し違います。まず、ソト関係の人、すなわち、自分のウチではない人に使うのです。「変な人がついて来やはる」「あのおともだちが意地悪をしはる」のように使います。少し擬人的なニュアンスもあるのですが、「ざりがにがえさを食べやはった」のように動物に「敬語」の「はる」を使うこともあります。多少擬人的なニュアンスで少し冗談ぽい言い方です。　　（森山卓郎）

第4章　日本語の文法　　95

3
長野の方言「水くれ当番／行くしない」

　筆者が以前住んでいた長野県北部では、花壇や教室の花に水をやることを「水くれ」と言います。小学校などでは、花に水やりする当番のことを「水くれ当番」と言って、掲示物に書かれるなど日常的に使われます。県外出身者には違和感のある言い方ですが、県北部の長野県民には馴染みが深く、須坂市には「僕達水くれ当番」というご当地ソングもあるくらいです。

僕達水くれ当番
　　　　　　　by 水くれトーバンズ
　お花にお水をくれましょう　僕達水くれ当番
　お昼はまた にらせんべー　にらは庭にもはえている
　庭には花がいっぱい　このまちは花がいっぱい
　お花にお水をくれましょう　いいぱいくれましょう
　お花にお水をくれましょう　僕たち水くれ当番
　　　　　　　　　（以下略、http://mizukure.com/ より）

　共通語では、話し手が他者に何かを与える際に「やる」を使い、他者が話し手に何かを与える際に「くれる」を使いますが、関東北部・甲信越地方ではこれらを区別せずに、両方とも「くれる」を使う言い方がよく聞かれます。こうした表現は東北地方や九州南部など他の地方にも見られます。また、共通語で「くれてやる」と言うと、相手を低く見なした言い方と受け取られますが、長野方言の「くれてやる」にはそういっ

たニュアンスはありません。「となりんち（隣の家）に、ネギ、くれてやるかー。」と言っても、隣人に厄介な物を押しつけるわけではなく、むしろ「ネギをあげるか」くらいのニュアンスです。形は同じでも方言と共通語と比較して分析してみると、使い方やニュアンスの違いが見えてきて面白いものですね。

　別のことばもあります。長野県では、勧誘を表す言い方として、「ズ（カ）」や「マイ（カ）」を用いた言い方が使われてきました。「一緒に行こう」であれば、「一緒に行かず（か）」や「一緒に行かまい（か）」となります。

　「ズ」は古語の「むとす」に由来し、これが「むず」→「んず」→「うず」と音韻変化を経て「ズ」となったと言われています。古くから長野県全域で使われ、特に北東部で聞かれますが、使用するのは高年層が中心で、若年層ではほとんど使われなくなっています。なお、「ズ」は意志や推量でも使われますが、推量には「行くずら」「行くだらず」など「ズラ」「ダラズ」を用いた言い方もあります。

　「マイ」の由来は諸説分かれていますが、古語の「まじ」や「まい」が変化したものとされています。主に南部で聞かれますが、高年層では「行かまいか」のように未然形接続の形で使われ、「マイ」のアイを融合させた「行かめー」も使われます。一方、若年層では「一緒に行きまいか」のような連用形接続の形でも使われます。共通語の「行きましょうか」からの類推や混交によるものと考えられていますが、「行くか」「行こー」など共通語の使用に押されて、さほどの広がりは見せていません。

　ところで、若年層でよく使われる勧誘表現といえば、北部で使われる「シナイ」が挙げられます。「帰りに寄るしない」のように終止形接続の形で使われ、「勉強する」などサ変動詞の場合は「勉強するしない」となって、県外出身者にはおおいに不思議がられます。勧誘の他にも確認要求も表し、「チョー暑いしない」「嫌だしない」などと「〜じゃない？」「〜（だ）よね？」の意味合いでも使われます。もともと北部では否定疑

第4章　日本語の文法　　97

問の「ナイ（ネー）カ」が古くから使われてきました。「シナイ」はこの従来の形を変化させて作った新しい方言だと言えましょう。

　国語の授業で学ぶ助動詞の分類も、共通語と方言で対照しながらまとめてみると、方言の豊かな世界が見えてくるかもしれません。

（松崎史周）

コラム ㉓　水くれ係

　『辞典〈新しい日本語〉』（井上史雄・鑓水兼貴編著、東洋書林）には、以下のような記述が見られます。

　　　ミズクレガカリ　「（学校の）水やり係」。新潟・長野・群馬・福島。

　この表現は、新潟・長野・群馬・福島の伝統方言の特徴を反映したものです。共通語の「やる」と「くれる」には、次のような使い分けがあります。

　①私が太郎に本を　{やる／×くれる}。
　②太郎が私に本を　{×やる／くれる}。

「話し手寄りの人」（話し手自身か話し手の身内など）が与え手である場合には「やる」、受け手である場合には「くれる」を用いるわけです。花に水を与える場合であれば、「花に水をやる」とは言いますが、「花に水をくれる」とは言いません。通常、「与える人」よりも「花」の方が「話し手寄りの人（物）」として扱われることはないからです。

　ところが、方言の中には、①のような場合に「くれる」を用いるものがあるというわけです。上記の新潟・長野・群馬・福島を含む中部地方以東の方言と、九州南部の方言です。ただし、東北北部方言では、「クレル」が変化して「ケル」となるので、「水くれ係」のような表現は生じていません。また、九州南部方言では動植物には「クレル（クルル）」を用いないので、やはり「水くれ係」とは言いません。「水くれ係」は、上記の地域に特有の表現であると言えます。

（日高水穂）

コラム24 文法用語の背景 「体言」?「名詞」?

　中学校では英語の文法を学習しますが、国語で学習する学校文法と一部で品詞名が違っています。「名詞」「動詞」などの用語は、英語などの文法と同じです。しかし、国語の学校文法には、「体言」と「用言」という分類があります。体言とは名詞のことですし（名詞と代名詞を分ける場合はその二つということになります）、用言は、動詞、形容詞、形容動詞（「急だ・急に・急な」と活用する「急だ」など）のことです。ちょっとややこしいので、簡単に背景をみてみましょう。

　学校文法の源流の一つは、大槻文彦の『言海』という明治期の初めての近代的国語辞典にあります。厳密に言えば、その文法のガイドである「語法指南」です。国語辞典を作るにあたって、文法的な整理が必要となったのです。ここでの品詞には、西洋の文法から導入された「名詞」「動詞」などの名があります。つまり、「名詞（代名詞・数詞）・動詞・形容詞・副詞・接続詞・感歎詞・てにをは・助動詞」です。ただし、単に外国語の文法に合わせるのではなく、日本語の実態に即しての画期的な整理となっています（もちろん、形容動詞や連体詞などはありませんし、助詞という概念と「てにをは」という概念は少し違う、など、学校文法そのものとの違いはいろいろとあります）。

　一方、「体」「用」は、古くからの日本の言葉です（華道などでも使います）。この概念の背景には、実体と作用という哲学的な考え方があります。学校文法では、「体言」は、主語になる品詞、「用言」はそれだけで述語になる品詞類というとらえ方で、文の構造に対応した分類と言えます。

　用語の違いは違った学問の伝統が取り入れられていることによるのです。

　なお、日本語では、「白い＋光」「きれいな＋光」と「白く＋光る」「きれいに＋光る」のように、次に来る品詞によって形が変わるので、「連体形」や「連用形」というまとめ方も日本語の実態に則したものと言えます。

（森山卓郎）

4
国語の先生が困る文法の質問？

(1) 品詞は？

　国語の先生が困る文法の質問というものがいくつかあります。

　まず一つは品詞の例外です。わかりやすいのは「同じだ」です。「同じだ」は「変だ」とよく似ていて形容動詞のようにも見えますが、「同じな」という連体形がありません。その一方で、「同じく」というまるで形容詞のような形があります。「同じい」という形容詞があったのですが、これが変化したため、対応がややこしくなっているのです。

　「こんな」も、「こんなに」というように用言に続く形がある一方で「こんな〜」という名詞に続く形はありません。「こんな」です。終止形は「こんなだ」という形ですが実際はあまり使わないようです。これも関連づけて品詞として整理する場合、その整理の仕方は難しくなります。

　もっと地味（？）なものもあります。例えば、次のような言葉はどうでしょうか。

　　不治　指折り　がらんどう　深紅　血みどろ

　これらは、基本的には名詞とされることが普通でしょう。「〜の」という形になったり「〜だ」という形になったりするからです。しかし、名詞なら主語にもなるはずなのに「〜が」という言い方はほとんどしません。

　　×不治が……

とはあまり言わないのです。複合的な表現やオノマトペアの表現などには、こうした特性のある語が相当数あります。村木新次郎（2002「第三形容詞とその形容論」『国語論究10』明治書院）などで「第三形容詞」と呼ばれています。

また、用法によって品詞が変わるものもあります。「きのう」などです。こちらは主語にもなって「きのうが〜」という言い方もできますので、名詞だと言えるのですが、「きのうあそんだ」のようにそのまま連用修飾もできるので、副詞だと見ることもできます。これなどは、一つの語にいろいろな働きがある、ということで、逆におもしろい説明にもなります。

「〜的」の使い方にも注意が必要です。ふつう、「科学的だ」「近代的だ」「芸術的だ」のような語は、「科学的な」「近代的な」「芸術的な」という形にもなるので、形容動詞と言えます。しかし、例えば、「時間的に無理がある」とか「そのホテルは、場所的には便利だけれど、眺めがいまひとつよくない」といった使い方をする「〜的に」は、実はちょっとおもしろい表現です。というのは「言い切りの形」にできないのです。「場所的な問題」のような連体形にはできますが、「（〜は）時間的だ」「（〜は）場所的だ」などという言い方は実際にはしないのです。

この「時間的に」「場所的に」の「〜的に」は、いわば、「〜について考えて」「〜という観点からみて」といった意味です。

(2) 活用は？

活用に関してよく言われるのは語幹と活用語尾の違いです。ふつうは、

　　こわ-さない　こわ-します　こわ-す　こわ-せば　こわ-そう

のように、語幹は「こわ」、活用語尾が「さしすせそ」というようになっていると説明できます。ローマ字で書くとさらにわかりやすくて、

KOWAS-a・i・u・e・o

と整理でき、「サ行五段活用」というように呼ばれています。
　しかし、一段活用の語で、「見る」のような語、すなわち、一音節に「る」がつくような語の場合は語幹と活用語尾の違いが明確ではありません。すなわち、

　　　みーない　みーます　みーる　みーれば　みーろ

のような活用では、「み」が変わっていない部分なので、「み」が語幹ともとれます。しかしそうすると、未然形や連用形、すなわち、「みーない」「みーます」では、語幹に直接助動詞がくっついていることになって、活用語尾がないという扱いになります。ふつう、動詞は活用しますので、活用語尾があるはずなのですが、「み」は活用語尾なのか、語幹なのか、と問い詰められると、ちょっと困ってしまうというわけです。
　ちなみに、このことは、内閣で出した公の文書でも取り上げられていて、「送り仮名の付け方」の「注意」で、

　　　語幹と活用語尾との区別がつかない動詞は、例えば、「着る」、「寝る」、「来る」などのように送る。（内閣告示「送り仮名の付け方」）

と書いてあります。「語幹と活用語尾の区別がつかない動詞」と言わざるを得ないのです。
　　　　　　　　　　　　　　　　　　　　　　　　　　（森山卓郎）

コラム㉕ 「ありがとうございます」の過去形

　あるコーヒー屋さんでは「ありがとうございました」と言わないで、「ありがとうございます」と言うようにというマニュアルになっているそうです。理由は、「ありがとうございました」だと「過去」のこととしてお客様との関係が切れてしまうという感じになるから、と聞きました。

　確かに「ありがとうございました」と言うのは、出来事が一件落着してからです。来店したばかりの客に「ありがとうございました！」と言うのは変です。注文してお金を払って、といった出来事はこれからだからです。感謝の心を持ち続けているから過去形で言わない、という論理はそれはそれとしてわかります。しかし、本当のところはどうでしょうか。

　実は、「ありがとうございます」は少し軽い表現でもあります。例えば、「あ、ネクタイゆがんでますよ」と指摘して貰った時に、「ありがとうございました」と言うとおおげさではないでしょうか。ふつうは「あ、ありがとうございます」などと言うように思われます。

　「ありがとうございました」の場合、「感謝すべき事態があった」ということを過去のこととして認識し、しっかり表す点で［重さ］があります。例えばちょっと道を聞くような場合、「こっちの道だよ。」と指示してもらうだけなら、「あ、どうも。ありがとうございます」で済みそうですが、「わかりにくいから一緒に行ってあげよう」などと大変お世話になったような場合、「本当にありがとうございました」と言うのではないでしょうか。お店の方の言葉としても、本格的な料亭などでは、「このたびはご利用ありがとうございました。お気をつけてお帰りくださいませ。」などと言ってもらえそうな気がします。

　ですから、「ありがとうございました」は、「過去のこととして関係が切れてしまうような水くさい挨拶」ではなくて、むしろ、「過去のことであっても覚えておくようなしっかりした感謝」と言うことができるのです。

　過去形の「ありがとうございました」の気持ちも大切にしたいところです。

（森山卓郎）

5 「愛する」と「恋する」の文法上の違いとは？

　「愛する」と「恋する」はどう違うのでしょうか、などと言えばずいぶんロマンチックに聞こえます。実は、この二つの言葉には文法上でも違いがあります。ではどんな違いでしょうか。

　ふつう、「勉強する」のような「〜する」という形の動詞の場合、「勉強をする」のように言い換えることができます。「恋する」の場合、このパタンに当てはまっていて、「恋をする」という言い方ができます。

　一方、「愛する」の場合、「愛をする」と言うことはできません。実は、音読みの一字の漢語に「する」がついた場合、このように「〜をする」という形にならないのです。いわば一体化していると言えるのです。「愛する」に限らず、「表する」「評する」「呈する」などでも同じで、それぞれ「を」を入れることはできません。

　さらに、「愛する」の場合、活用の面でも注目すべき違いがあります。すなわち、否定として、「愛しない」のほか、「愛さない」も使われるのです。この場合は五段活用と同じ形です。ただし、完全な五段活用なら終止形と連体形は「愛す」になってしまいますが、いまのところ、あまりこんな言い方はしないようです。部分的ではありますが、活用のパタンに変化まで生じているのです。

　こう考えてくると、「恋する」の場合は「恋」と「する」に少し切れ目があるのに対して、「愛する」の場合、完全に一体化していると言えそうです。考えてみれば、「○○に恋する」という場合、相手は、まだ自分と一体化した意識ではないのかもしれませんが、本当に「愛する」と言えば、自分と一体化して相手のことを大切に思う、ということになるのか

もしれません。

　「愛」と「恋」の違いについて考える時、「愛する」「恋する」という動詞について考えてみることも一つのヒントになりそうです。（森山卓郎）

コラム㉖　一字の漢語＋する

　一字の漢語を使った動詞の中でも、「感じる」と「感ずる」、「減じる」と「減ずる」、「転じる」と「転ずる」、「生じる」と「生ずる」、「論じる」「論ずる」のように、二通りの形があるものがあります。「感ずる」の場合、「する」というサ変動詞ですので、

　　感じ-ない・感じ-ます・感ずる・感ずれ-ば・感じろ

という形で整理できます。これに対して、「感じる」の場合、

　　感じ-ない・感じ-ます・感じる・感じれ-ば・感じろ

のように、イ段音を中心とした活用である上一段活用となっています。どちらの活用パタンにしても、連用形と命令形は同じ形です。

　歴史的には、サ変動詞としての形が本来の形です。「感ずる」タイプが上一段動詞のように変化して、「感じる」タイプが新たにできたということになります。

　「感じる」「感ずる」を比べてみると、話し言葉では「感じる」の方が一般的という印象があります。ただし、googleで検索してみたところ、「感じる」という文字列での検索ヒット数は133000件、「感ずる」は218000件でした。インターネットの世界では後者の方が多いようです（2011年9月）。

（森山卓郎）

6 読点「、」の打ち方と、文法

　句読点は、文章をわかりやすく読ませるために非常に重要な要素です。しかし、句読点の打ち方の厳密なルールはありません。現在の句読法で参照されることが多いのは文部省国語調査室の「句読法（案）」（昭和21年）です。ただし、戦後すぐのものなので、古いと言えば古いのですが、今では使われない「白点」という、「。」と「、」の中間的なものも提案されるなど、ある意味で「新しい提案」もあります（結果的には広まりませんでしたが）。そうした部分は省略して、現代に通用する部分について、次に簡単に見てみましょう。旧仮名遣いで書かれていますが、現代でも関係のあるところをそのまま引用します。

一、　テンは、第一の原則として文の中止にうつ。
二、　終止の形をとつてゐても、その文意が続く場合にはテンをうつ。たゞし、他のテンとのつり合ひ上、この場合にマルをうつこともある。
三、　テンは、第二の原則として、副詞的語句の前後にうつ。その上で、口調の上から不必要のものを消すのである。〔附記〕この項の趣旨は、テンではさんだ語句を飛ばして読んでみても、一応、文脈が通るやうにうつのである。これがテンの打ち方における最も重要な、一ばん多く使はれる原則であつて、この原則の範囲内で、それぞれの文に従ひ適当に調節するのである。なほ、接続詞、感嘆詞、また、呼びかけや返事の「はい」「いゝえ」など、すべて副詞的語句の中に入る。

四、　形容詞的語句が重なる場合にも、前項の原則に準じてテンをうつ。

五、　右の場合、第一の形容詞的語句の下だけにうつてよいことがある。

六、　語なり、意味なりが附著して、読み誤る恐れがある場合にうつ。

七、　テンは読みの間をあらはす。

八、　提示した語の下にうつ。

九、　（略）

十、　対話または引用文のカギの前にうつ。

十一、対話または引用文の後を「と」で受けて、その下にテンをうつのに二つの場合がある（「といつて、」「と思つて、」などの「と」にはうたない。「と、花子さんは」といふやうに、その「と」の下に主格や、または他の語が来る場合にはうつ）。

十二、並列の「と」「も」をともなつて主語が重なる場合には原則としてうつが、必要でない限りは省略する。

　ただし、これも、絶対的な基準と言えるものではありません。例えば「副詞的語句の前後に打つ」といった注釈があるのですが、一般に短い副詞的な修飾部分は被修飾部分と密接なまとまりを構成するので、

　　太郎君は、とても、速く、走る。

のような読点はあまり一般的ではありません。一方、文頭で、

　　去年の夏、ぼくは琵琶湖で泳いだ。

のように、冒頭で時間などの設定をするような場合は読点を打つことが

多いと思われます。

　また、順接や逆接などの接続的な成分、すなわち、「〜から」「〜けれども」などには読点を打つことがふつうです。時間を表す成分である「〜したとき」「〜している間」などや、条件を表す成分である「〜すると」「〜したら」「〜しても」「〜すれば」なども、まとまった成分となるので、ふつうはその後に点を打つことが多いと言えます。

　次のような文はどこで点を打つかによって、意味が違います。

　　太郎は、花子みたいにスキーが上手ではない。
　　太郎は花子みたいに、スキーが上手ではない。

です。むずかしいのですが、「花子みたいに」の後に点が打たれると、一応、「花子もスキーが上手ではなく、太郎も同じだ」という意味で解釈されやすくなります。一方、「花子はスキーが上手」という意味なら、「太郎は、」のように点を打つことが考えられます。ただし厳密には、

　　太郎は、花子みたいにスキーが上手、ではない。

とした方が意味がはっきりします。「花子みたいにスキーが上手」というまとまりができますので、「花子はスキーが上手」という意味に限定できそうです。ただし、文節内部に点を打つことになるので、あまり一般的な打ち方ではありません。

　　太郎は自転車で逃げていく泥棒を追いかけた。

も同様です。

　　太郎は、自転車で逃げていく泥棒を、追いかけた。

108

太郎は自転車で、逃げていく泥棒を追いかけた。

のようにすれば、多少意味の違いがわかりやすくなります。「自転車で逃げていく泥棒」というまとまりを作ると、「自転車で」は「逃げていく」を修飾しますが、「自転車で、」として後に区切りを入れると、「自転車で、……追いかけた」という意味で解釈されやすくなります。

　句読点が抜けるのは、小学生の場合、特に一、二年といった低学年の場合に多いのですが、中学年、高学年でもなくなるわけではありません。逆に、不要な場所に句読点、特に、読点を打ってしまうというミスもあります。例えば次のような書き方です。

　　今までのを、ふりかえってみると、4、5年生とかと、しゃべっていたので、これから、出来るだけしゃべらないように、したいです。そうじの目あては、しゃべらないように、します（小学校三年）

　「を、」という文字列の全読点の中での出現率を、ある小学校の各学年2クラス（70人）の全員と、大人の文章、すなわち朝日新聞の90年9月26日〜91年4月24日までの約半年分の社説で比べてみました。社説では、17920個の読点の中で「を」の後に打たれた数は199個で、1.11％でした。一方、子どもの作文では4501個の読点のうち「を」に打たれた数は124個で、2.75％と二倍以上でした。大人が書く社説の方が複雑な構造の書き方をすることが多いと思われるにもかかわらず、子どもの作文の方に多いことになります。また、小学生段階の子ども達にとって、「〜を、する」のような表現をしがちだということに指導者は留意しておくといいと思われます。

　同様に、連体修飾部と名詞の間の点も子ども達の作文に多くなりがちなようです。一般に、その修飾部が長いなど、特別な場合を除き、ふつうはその修飾部と名詞の間には読点を入れることはないのですが、子ど

も達の場合、例えば、

　　わたしの、今週（月と水）の様子は、二日とも、あそんでいてそうじ
　　におくれていました。（小学校4年）
　　先週の、そうじ場は、手洗い場のそうじでした。（小学校6年）

といった書き方をすることが多いようです。これらの例では、「私の今週の様子」「先週の掃除場」のように書く方が自然です。
　参考までに、全読点の中に占める「の、」という連体修飾成分の読点の割合を大人の文章と子どもの文章でどう違うかを調べてみたところ、例えば、朝日新聞の1990年9月26日〜91年4月24日までの約半年分の社説では、「ものの、」「もの、」を除く「の、」という文字列で、全読点に対する割合は17920個中28例で、0.16％であったのに対し、子どもたちの作文では、4501個中33個で0.73％と、約五倍でした。大人の文章では、「〜の―」という名詞のまとまりを作る場合、大きな単位になる場合や、特に強調する場合などは別として、ふつうは点を打たないようです。

　　　　　　　　　　　　　　　　　　　　　　　　（森山卓郎）

コラム㉗　「青い鳥かご」と「おいしいお米コーナー」

　「青い鳥のかご」という表現には二つの意味があります。「青い［鳥のかご］」と「［青い鳥］のかご」です。係り受け関係によって何が「青い」かという関係が違うのです。

　しかし、「青い鳥かご」とすると意味は限定されます。「鳥かご」で一つの名詞としてまとまるからです。このように、複合語としてまとまると、語としての統合性が働き、係り受けの関係は限定されます。

　ただ、これには例外もあります。「おいしいお米コーナー」という表現の場合、意味はどうでしょうか（このような表示を実際にみかけたことがあります）。これを語としての統合性に着目すると、「おいしい［お米コーナー］」という関係です。しかし、これでは、「あそこのお米コーナーは、なかなかおいしい。特に柱が」などという、まるでシロアリくんのような意味になるのではないでしょうか。

　ふつうの人間のふつうの解釈は、「［おいしい　お米］コーナー」です。「おいしい」は「お米」であって、「コーナー」ではないのです。「おいしいお米」という句全体をいわば臨時的に一つにまとめた構造になっているのです。「〜コーナー」などは、語の結びつきがゆるやかで、その内容を問題にして、「ここは何コーナー？」のように、「何」を入れることもできます。そして、いわばこの「何」にあたる内容部分に「単語＋単語」、すなわち「おいしい＋お米」という表現が来ていると言えます。「全国のお酒コーナー」などでも同様だし、「フランスの田舎料理風」のような表現もこのタイプと言えます。この表現は実は国語の先生が係り受けの説明をする時にちょっと困る構造と言えるかもしれません。

（森山卓郎）

7 曖昧文ワールド

「ちいさいこまでいっしょにあそんだ。」——この文は、「小さい独楽で一緒に遊んだ」という解釈と「小さい子まで一緒に遊んだ」という解釈が可能です。これは、「どこまでが一単語か」という、切れ目の候補が複数あることから、曖昧さが生ずる例だといえます。

日常生活の中では、いくつかの手段を用いて、このような曖昧さを回避しています。特に、アクセントやポーズ、漢字表記によって、曖昧さが回避されます。

一方、「曖昧さ」を表現の豊かさに繋げている例もあります。例えば、和歌における掛詞は、同訓異字・同音異義語を用いて、三十一文字に奥行きを与えている例と言えるでしょう。次の和歌は、百人一首に取られる在原行平の和歌ですが、「いなば」の部分に「因幡」と「去なば」が、「まつ」の部分に「松」と「待つ」が、それぞれ掛けられています。

　　　　立わかれいなばの山の峰に生ふる松としきかば今かへりこむ
　　　　　　　　　　　　　　　　　　　　　　　　　　在原行平朝臣

では、次の文には、それぞれどのような曖昧さがあるでしょうか。

1) 私は友達と旅行に行く計画を立てた。
2) 弟はクイズを全部答えられなかった。
3) 素材が固くならないように下ゆでする。

1）は、「友達と旅行に行く（一人で計画を立てていてもOK）」のか「友達と計画を立てた」のかが曖昧な文です。これは、「友達と」が「（旅行に）行く」にかかるのか「（計画を）立てた」にかかるのか、というように、かかり先が複数あることが曖昧さの原因です。2）は、「答えられない問題があった」のか「全く答えられなかった」のかが曖昧な文です。もう少し詳しく見ると、「全部」が「答えられる」にかかり、「全部答える」全体を否定する解釈「全部答えられたのではない」なのか、「全部」が「答えられなかった」にかかり「答えられなかったのは全問題だ」という解釈になるのか、ということになります。

　3）は、「下ゆですることによって、素材が固くなるのを防ぐ」という解釈と「下ゆでする際に、素材が固くならないように注意する」という解釈が可能な文です。「素材が固くならないように」の部分が、下ゆでをする理由という解釈と、下ゆでするときの方法という解釈の二通りに解釈できるのが原因です。

　これらの例は、1）と2）が、かかり先の候補が複数ある例、3）が、「文中のある要素が文中でどのような働きをするか」に複数の解釈が成立する例と、いずれも「文の構造」に関連する曖昧さの例です。このタイプの曖昧な文は、音声言語の場合には、間やプロミネンス（強め）などによって曖昧さが回避されることも考えられますが、とくに文字言語において誤解を生ずる原因となり得ます。よって、文章を校正する際には、誤字脱字だけでなく、曖昧さが生じていないかどうかという視点からも行うことが重要でしょう。

　このように、曖昧な文について、どのような曖昧さがあるのか、そして、どのようにすれば曖昧さが回避されるのかを考えることは、文の構造をより丁寧に分析することに繋がります。

　なお、山内博之（2008）『誰よりもキミが好き！　日本語力を磨く二義文クイズ』（アルク）では、様々な「曖昧な文」が扱われています。

（安部朋世）

コラム28 ない本はない！？

　本屋さんに「ない本はない！」と書かれてあったら、その意味はどう解釈されるでしょう。実は、「ない本はない」には二通りの意味があります。一つの意味は、「この店にない本」というものは存在しない、という関係です。この場合は、「この店にない本」というものの存在が否定され、何でもある、という意味になります。よほど大きな本屋さんで、品揃えもばっちり、ということになります。

　しかし、もう一つの意味もあります。それは、「ない本」という名詞句の「ない」という性質を述語でもう一度くりかえすという、少し特殊な同語反復的表現です。この場合は、「ない本」というのが何か特定の本として想定されている場合がふつうかもしれません。この表現の場合、同語反復的ですから、相手がわかってくれないときなどに使うような強めるニュアンスがありそうです。

　本屋さんとしては、「無理言っちゃいけないよ、ないものはないんだよ」と、居直っているような意味になって、ずいぶん印象が違ってしまいます。

（森山卓郎）

コラム㉙ 「を」の呼称

　現代語においては、「お」と「を」は同じ発音です。この二つは、文字で書くときには区別がつきますが、口頭でこの二つの文字を区別したいときには、どのように呼び分ければいいでしょうか。

　まずは、「あ行のオ」と「わ行のオ」というのが、最初に思い浮かぶものでしょう。このほかに、「あいうえおのオ」に対して「わゐうゑをのオ」「わをんのオ」という言い方もあります。このように、五十音図の配列を基準にした呼称では、「お」と「を」の両方を呼び分けることができます。しかし、実際には、「を」の方にだけ、特別な呼称が用いられる場合も多く見られます。

　「を」は現代語では、助詞の「を」としてしか用いません。そこで、「くっつきのオ」「つなぎのオ」「てにをはのオ」などという場合があります。「下のオ」という言い方もありますが、これも「言葉（単語）の下につく」という、助詞「を」の機能から来ている呼称だと思われます。

　「を」の文字のイメージから、「重たいオ」「難しい方のオ」という言い方もあります。「お」のことを、「軽いオ」「簡単な方のオ」とは言わないとすると、これも「を」に特別な呼称が用いられる例と言えます。この他、地域限定の呼称として「腰まがりのオ」（青森県）、「カギのオ」（秋田）などもあります（大木梨華「「を」の呼称に関する地理的研究」より）。いずれも「を」の文字の形からイメージした呼称でしょう。「かぎのオ」の「かぎ」は、自在鉤の「鉤」のことです。自在鉤とは、いろりの上に吊されていて、鍋などを引っかけて自由に上下させる器具です。確かに「を」の文字の形を見ていると、鍋の取っ手を引っかけた「鉤」に見えてきますね。

　「を」はこのように多用な呼称が見られます。「お」と「を」では、「を」の方が用法が限定されていて特殊です。特殊なものの方に、特別な呼称を用いて区別しているのです。

（日高水穂）

8
副助詞の働き

　「も」や「だけ」といった副助詞は、文に明示されない意味を付け加える働きがあるとされます。例えば、「その日は太郎も休んだ」という文であれば、「その日に太郎が休んだ」という内容に加え、「太郎以外が休んだ」という意味が付け加えられます。このような働きを持つ副助詞を効果的に使用している例の一つに、新聞記事の見出しが挙げられます。
　次の見出し例は、それぞれどのように解釈されるでしょうか。

1) 　国際会議紛糾　A国も反対
2) 　国際会議紛糾　A国反対も

　1)は「会議が紛糾し、他の国が反対しているのに加え、A国が反対した」という意味に解釈されるのに対し、2)は「会議が紛糾し、まとまる方向ではない出来事（例えばある国が動議を出すなど）に加え、A国が反対するという出来事もあり得る」という意味に解釈できます。1)と2)は「も」の位置が異なるだけですが、このような意味の違いが生じることになります。
　では、次の見出し例はどう解釈できるでしょうか。

3) 　A社、B社も　買収
4) 　A社、B社も　買収提案

　おそらく、3)は「A社が（他の会社に加えて）B社を買収」、4)は「A社

については、(他の会社に加えて)B社が買収を提案」と解釈できるのではないかと思います。3)、4) はいずれも格助詞が使われていませんが、なぜこのような解釈ができるのでしょうか。

　3) は、「A社　B社　買収」とあっても、「A社がB社を買収」という解釈の方が自然に感じられますが、「も」があることで、「他の社が既にA社を買収したのに加えて、B社がA社を買収」という事態が現実世界で想定しにくいことから、「B社がA社を買収」ではなく、「A社が(他の社を買収するのに加え)B社を買収」という解釈がなされるのだと考えられます。(もし複数社で買収したのであれば、同時に発表されるはずなので、「B社とC社　A社を買収」などの見出しになると考えられます。また、A社が分割されて買収される場合は、「A社の○○部門　B社が買収」などの見出しになると思われます)。

　4) の場合は、「〜が〜に買収提案」という格助詞を取ると考えられます。「A社がB社に買収提案」したのであれば「B社にも」となると考えられるので、「A社については、B社が(他の社が買収提案したのに加え)買収提案をした」という解釈になると説明できそうです。

　このように、私たちは、副助詞の「文に明示されない意味を付け加える」働きを効果的に使って、物事を表したり意味を解釈したりしているのです。

(安部朋世)

9
文法上の注意点（1）
二重の接続

　子どもたちの作文において、接続表現の失敗でよく見られるのは、「二重の接続」の問題です。すなわち、

　　雨が降ってきたので、傘を差したので、荷物が持ちにくかった。

のように、順接の表現を二回繰り返したり、

　　雨が降ってきたけれども、傘を持っていなかったけれども、知り合いに借りた。

のような二重の逆接表現にしたりする場合です。
　こうした表現は稚拙な印象を与えるので避ける必要があります。それぞれ、

　　雨が降ってきたので、傘を差した。そのため、荷物が持ちにくかった。
　　雨が降ってきた。傘を持っていなかったけれども、知り合いに借りた。

のように、二文を独立させて文として分けるようにして、接続詞で言い換える必要があります。
　なお、平成20年度全国学力学習状況調査（小学校）では、国語教育関係

者にショックを与えた接続に関する問題がありました。

①私は六年生として学校のためになるような仕事や活動に積極的に取り組もうと思った。②しかし、具体的にどんなことをしたらよいのかなやんでしまった。③そこで、先生に相談すると、「あなたの好きなことが、学校のためにつながるとよいですね。」と話してくださったので、花がすきなところを生かせばよいと気づいたので、花いっぱいのきれいな学校にしようと思った。

という文を直すという問題です。選択肢は次の通りです。

1　②の文には「だれが」という主語がぬけているから主語となる「先生」を書き足した方がよい。
2　③の文は「〜ので」が続いて長くなり、分かりにくいから、一文を分けて書いた方がよい。
3　③の文の「」の部分は、先生が話した言葉だから、「はなしてくださった」まで「」に入れた方がよい。
4　①から③までの文は、述語が「〜した」になっているから、「です」や「ます」も使った方がよい。

　もちろん、正答は2ですが、なんと正答率は34％で、日本全国の子ども達の三分の一しかないのです。接続の言葉を続けないように、という注意が必要です。
　もう一つ、「そして」「それで」などの順序に関わる接続詞も注意が必要です。使わなくても同じ効果を出すことがあるのですが、逆にそのために過剰に使われることがあります。あくまで二つの出来事をつなげるのであり、三つ以上のことを連結させると稚拙な印象を与えてしまいます。極端な例ですが、

空が曇ってきた。そして、雨が降って来た。そして、私は近くのコンビニで傘を買った。そして、傘をさして帰った。

のような文はまるで小学校の低学年の作文の悪い例のようになります。たとえ違う接続詞でも、使いすぎるとうるさくなります。例えば、

　雨が降ってきた。それで、私は近くのコンビニに入った。しかし、ちょうどいい傘は売っていなかった。だから、傘なしで家に帰った。そして、ずぶ濡れになった。

「それで」「しかし」など、違う接続詞ではありますが、短い文であるにもかかわらず接続詞がたくさん使われていて少しうるさい感じがあります。
　　　　　　　　　　　　　　　　　　　　　　　　　（森山卓郎）

コラム㉚ 「なんでやねん」の不思議

　関西弁のツッコミのことばとして知られる「なんでやねん」。共通語に直訳すると「なぜなのだ」となりますが、同じようなニュアンスでは使えそうにありません。ボケ・ツッコミというコミュニケーション手法自体が、関西弁と一体となっているためでしょう。

　ところで、「なんでやねん」の「ねん」は、関西弁の目印ともいえる文末形式ですが、この形は上記のように、共通語の「のだ」に相当するものと考えられています。関西弁では、断定の助動詞「だ」は「や」となりますので、元の形は「のや」です。「のや」が「ねや」となり「ねん」に変化したと言われています。

　「ねん」は「のだ」に相当するといっても、異なった特徴を多くもっています。上で、「なんでやねん」を直訳して「なぜなのだ」としましたが、名詞述語が「のだ」の前にくるときは「～なのだ」（「あれは学校なのだ」など）となります。ところが、「ねん」の前には「だ」に相当する「や」がくるのです（「あれは学校やねん」など）。また、共通語では「学校へ行きますのだ」のような「丁寧形＋のだ」は不適格な表現となりますが、関西弁の「学校へ行きますねん」は自然な表現です。

　「なんでやねん」は、機能的にも形態的にも、共通語に「直訳」できない表現なのです。

（日高水穂）

10
文法上の注意点 (2)
主語と述語

　文部科学省の平成22年度の全国学力学習状況調査で、国語教育の関係者にショックを与えた文法の問題がありました。次のような問題で、文を整理する問題です（中学生）。

　　今、私たちは全国大会出場に向けて練習していて、三年生にとって最大の目標です。

　これを二つの文に分けて、「目標です。」でおわるような形に書き換えなさい、というのです。正解は、

　　今、私たちは全国大会出場に向けて練習しています。全国大会出は、三年生にとって最大の目標です。

です。しかし、この正答率はわずか43.3%でした。何が何だ、という関係をおさえて書き換える、という訓練が必ずしも十分ではないのかもしれません。
　同様に、主述関係のねじれの修正も問題です。中学校の平成21年全国学力調査では、次のような問題が出されましたが、その結果も関係者を驚かせました。

　　これは、レオナルド・ダ・ヴィンチが描いた「モナ・リザ」という絵です。この絵の特徴は、どの角度から見ても女性と目が合います。

という、主述関係のゆがんだ文を、「合います」の部分を適切に書き直しなさい、というように直させる問題です。

　この問題も、なんと正答率はわずか50.8%でした。主語と述語の関係をわかりやすくまとめるように書き直す学習が必要です。こういった観点からの入試問題も出ているようです（130ページ参照）。

　主述の関係は、読解にも深く関わっています。例えば、

　　奥山に紅葉踏み分け鳴く鹿の声聞く時ぞ秋は悲しき

猿丸太夫

は、百人一首でも有名な歌ですが、主述の関係において二通りの読み方ができます。「奥山に紅葉踏み分け」るのは誰かという問題です。一つは、「鹿」だという解釈、そして、もう一つは作者だという解釈です。

　日本国憲法の前文も、主語が終わりの方まで係る構造で、文の仕組みを考えるためのいい例になります。

　　<u>日本国民は</u>、正当に選挙された国会における代表者を通じて行動し、われらとわれらの子孫のために、諸国民との協和による成果と、わが国全土にわたつて自由のもたらす恵沢を確保し、政府の行為によつて再び戦争の惨禍が起ることのないやうにすることを決意し、ここに主権が国民に存することを宣言し、この憲法を確定する。

　もっとも、日本語には主語を言わない方が自然だという文もありますし、多重主語文と言われるような主語が複数出てくる文もあります。

　主語を言わない文の一つは「話し手の、今・ここ」に関する文です。

　　あ、四時だ。
　　ああ、秋だなあ。

などでは、「今は四時だ」のようにあえて主語を言うことがありません。
　一方、主語が複数出てくる文の代表は、

　　象は鼻が長い

のようなタイプの文です。「象の鼻が長い」という関係で「象」が特に取り上げられている、とう解釈です（ちなみに、このタイプとちょっと違うもので、「牡蠣は広島が本場だ」のような文もあります。この場合、「は」を「の」に変えることはできません。「広島は牡蠣の本場だ」のような関係です）。
　一見同じ「〜は—が……」という文ですが、

　　カレーは私が作った。

では構造が違います。もともとの関係では「私がカレーを作った」となっているからです。こうした構造の違いに気をつけることは、国語の学習の上でももちろん重要ですが、英語など外国語の学習にも関わってきます。
　　　　　　　　　　　　　　　　　　　　　　　　　（森山卓郎）

　［参考文献］　森山卓郎編著2009『国語からはじめる外国語活動』慶応義塾大学出版局

コラム㉛ 方言の動詞活用

　動詞の活用の種類は、古典語では9種類ありましたが、現代語では五段・上一段・下一段・カ変・サ変の5種類になっています。古典語にあったラ変・ナ変・下一段が五段（四段）に合流し、上二段が上一段に、下二段が下一段に変化したためですが、こうした活用の種類の統合は、方言の中にはさらに進んでいるものがあります。
　例えば、北関東の一部の方言（茨城県北部方言など）では、カ変動詞「来る」が、次のように活用します。

否定形	意志形	過去形	終止形	仮定形	命令形
キネー	キヨー	キタ	キル	キレバ	コー

　命令形が「キロ」となっていない以外は、上一段タイプの活用をしています。カ変が上一段に合流する方向で変化しているのです。
　一方、九州の方言には、二段活用を残しているものがあります。例えば、大分県北部方言の「起きる」の活用は、次のようになります。

否定形	意志形	過去形	終止形	仮定形	命令形
オキン	オキュー	オキタ	オクル	オクリャー	オキヨ

　否定形・意志形・過去形・命令形に見られる「オキ〜」の系列に対して、終止形・仮定形に「オク〜」の系列が用いられており、上二段の活用をしています。なお、古典語の二段活用の動詞は、「オク」（終止形）と「オクル」（連体形）の区別がありますが、共通語と同様に九州方言においてもこの区別は失われており、終止形と連体形は同形（本来連体形であった「オクル」が終止形としても用いられる）です。
　大まかに見ると、東日本方言の動詞活用は統合して種類が少なくなる傾向があり、西日本方言はナ変や二段活用の残存など、古典語の特徴を維持する傾向があります。

（日高水穂）

11 入試の文法問題（高校入試編）

　中学生を悩ます国語問題に文法の問題があります。2010年春に実施された公立高校入試を見ると、文法問題はほとんどの都道府県で出題されています。出題数は各県とも少ないのですが、用語と定義を覚えなければ正確に解くことができないため、文法問題は中学生にとって負担の大きい問題と言えます。

　中学校で学ぶ文法項目には、文節相互の関係、単語の種類（品詞）、用言の活用、付属語（助動詞・助詞）などがあります。

　これらの文法問題の中で最も出題率の高いのは付属語の問題です。付属語の問題はほとんどが意味・用法の識別問題ですが、その中でも最も多く出題されているのは助動詞「れる・られる」の識別問題です。

　（1）「使われてきた」とありますが、この「れ」と同じ意味（働き）で使われている助動詞を含む文を、次のア〜エから一つ選び、その記号を書きなさい。

　　「もの」「こと（事）」……というような言葉は、日本語の記録がある最も古い時代から、ずっと使われてきた言葉である。
　　　ア、友人に、誤っている言葉づかいを注意された。
　　　イ　わたしの家から図書館まで、歩いて五分で行かれた。
　　　ウ、このことはわたしにとって、よい経験だと思われた。
　　　エ、授業が終わって、先生が職員室に戻られた。

　　　　　　　　　　　　　　　　　（2009年埼玉県、下線は筆者）

　問題文と選択肢の「れ」はいずれも助動詞「れる」の連用形です。選

択肢の意味は、アが「受身」、イが「可能」、ウが「自発」、エが「尊敬」と解釈できます。問題文は「受身」と解釈できますので、正解はアとなります。このように、助動詞「れる・られる」の問題は、それぞれの意味を当てはめて解答するのが一般的ですが、主語や格助詞の取り方、動詞の種類に着目することでより確実に解答することができます。

　アは行為を及ぼす主体が格助詞「に」を伴って現れているので「受身」、イは「れる」を「ことができる」と置き換えられるので「可能」、ウは「れる」が知覚や思考を表す動詞につくので「自発」、エは目上の人が主語にきているので「尊敬」と判断できます。市販の参考書ではこれらを解法テクニックとして紹介していますが、国語の授業では例文を分析することで中学生が自ら発見できるようにしていきたいものです。

　試験ではほとんど出ないようですが、「受身」でもいろいろなタイプがあり、これも考えると面白い問題です。「太郎は次郎に押された」のような英語でも受身になるようなタイプの受身表現はいいとしても、「雨に降られた」「太郎は次郎に死なれた」のような英語にすると受身表現とはならないというタイプの受身もあります。この場合、「雨」はいいのですが、「鉛筆に折れられた」のようには言いません。さらに、「太郎は次郎に自家用車を壊された」のように所有関係をもとにした受身などもあります。これは太郎の自動車が壊された」と違う構造です。いずれも、「られる」を使わない表現との対応を考えることで受身表現のもつ意味（例えば迷惑なニュアンス）などが理解できます。こんなことを問題として取り上げたらちょっとおもしろい問題になるのかもしれません。

　さて、付属語に次いで出題率の高い問題は品詞の問題です。品詞の問題もほとんどは識別問題で、品詞を書いて答える問題はさほどありません。識別問題は同じ品詞の語を選ぶものと異なる品詞の語を選ぶものに分けられますが、「大きな」と同じ品詞を問う問題がいくつかの県で出題されています。

(2) 次の＿＿線をつけた言葉が、本文中の「大きな」と同じ品詞であるものをア～エから一つ選び、記号で答えなさい。
　　ア、危険な漂流物　　　イ、ある日本人論
　　ウ、長いこうもり傘　　エ、縮める性向　　（2009年・徳島県）

　選択肢のアは形容動詞「危険だ」の連体形、イは連体詞「ある」、ウは形容詞「長い」の連体形、エは動詞「縮める」の連体形です。本文中の「大きな」は連体詞とされるため、正解はイとなりますが、「大きな」を形容詞「大きい」の連体形と考えて、答えをウとした受験生も多いのではないでしょうか。

　ただし、語源を考えると連体詞は寄り合い所帯です。例えば「大きな」は本来形容動詞でしたし、「ある日本人論」などの、「ある」は元々、動詞「有る」から来ています。「いわゆる」は現代語の品詞としては連体詞ですが、「いふ＋ゆ（受身や自発などの奈良時代の助動詞）」で「いわれる（ところの～）」という表現がもとになっています。この「ゆ」は「あらゆる」という連体詞の一部にもなっています。

　品詞の問題と同じくらい出題されているのは文節関係の問題です。文節関係の問題には、係り先の文節を指摘する問題、主述のねじれを訂正する問題などがあります。係り先を指摘する問題に多いのは、少し離れた位置にある副詞的修飾語の係り先を識別する問題です。一方、主述のねじれを訂正させる問題は、「─ことは……する」型のねじれを訂正させる問題がほとんどです。

(3) 次の文の＿＿部と＿＿部の関係が適切になるように、＿＿部を書き直しなさい。
　　最近、私が決意したことは、人の話を最後まできちんと聞きたいと思った。
　　　　　　　　　　　　　　　　　　　　　　（2010年・埼玉県）

「─ことは」で始めた文は「……ことだ」で結ばなくてはならないので、述部を「聞くことだ」に直すのが正解となります。この他にも、主部の「こと」の代わりに「の」が用いられたり、「希望・趣味・教科」などの名詞が用いられたりしますが、この種のねじれ文は中学生の作文にかなり見られます（p.122参照）。このような問題は単に文法知識の習得状況を問うだけでなく、文法知識を作文に役立てられるかも見ており、実用性の高い問題と言えましょう。

（松崎史周）

コラム 32　昔話の結末句

　NHKの朝の連続ドラマのタイトルにもなった「どんど晴れ」。東北の昔話の語り納めに表れる結末句の一つです。「どんどはれ」は主に岩手方言で用いられる形式であり、津軽方言では「とっちぱれ」、秋田方言では「とっぴんぱらりのぷう」、山形方言では「どーびん」などと言います。これらには、「と言ひてはらり」という共通の原型が想定されています。「と言うことですよ、おしまい」という意味合いでしょう。ドラマのタイトルの「どんど晴れ」の「晴れ」は当て字であり、「はらり」のrが脱落して「はらい」となり、「はらい」のaiが融合してeになったのが「はれ」だと考えられます。

　東北南部には、宮城の「えんつこさけた」、福島の「いっちょうさけた」などがあり、新潟の「いちごさけた」に連なります。これらは、「一期（＝一生）栄えた」に由来するとされています。関東でも、かつて「市が栄えた」という結末句が用いられていたようですが、この形式も、地理的な連続性から見て、「一期栄えた」から変化したものと言えそうです。

　こうした地域固有の昔話の結末句には、出雲の「昔こっぷり」、高知の「昔まっこう」などが知られています。これらの日本の周辺地域に昔話の定型的な結末句が分布しているということは、都市部では早期にすたれた「昔話文化」が、こうした地域で発達してきたことを窺わせます。

（日高水穂）

12
姓・名と名・姓（発想と語順）

　外国語の会話でまず最初に必要になるのが自己紹介の言葉です。多くの国との交流が盛んになり、英語流の「名・姓」から日本語としての「姓・名」で、というのが最近の傾向です。

　日本語の姓・名と英語の名・姓という語順の違いは、個人の「私」と私の属する「家族」との関係のとらえ方によると考えられます。英語などヨーロッパ系言語の「名・姓」という語順は、表現の核になる主要な語の個人名を最初におき、姓は個人の所属する最も近い関係の社会として追加説明される形です。

　戸籍が確立される以前の庶民は姓を持たず、所属する地域の名が姓として代用されました。イタリアの偉人のレオナルド・ダ・ヴィンチが「ヴィンチ（村）のレオナルド」であるのは、日本の「×村の○さん」と同じ発想という点で興味をひかれます。ちなみに、イタリア語の da ダは場所を示す前置詞です。

　家族の周囲には町・区・市など住所で示される社会と、更にその外に国が存在します。手紙の場合、ヨーロッパ系言語では主要語である宛名の人名を最初に書き、町・市・国と身近な所から遠くへという順で表記されますが、日本語では逆になります。

　日付の書き方も同様の発想から日本語は年・月・日という順序です。英語では主に月名を用いて、イギリスでは日・月・年、アメリカでは月・日・年の順序が一般的になっています。

　形容詞は名詞の説明語として名詞の後に置かれ、その形は関係代名詞の率いる文にも適用されます。形容詞が形容文になったと考えれば理解

は容易です。英語の語順の特徴が必要事項を継ぎ足す点にあると言われる理由です。

　日本語のSOVと英語のSVOCという文型の語順もこの発想から解釈することができます。文の核になるのが動詞Vです。動詞には助動詞などを付加して話し手の意思や感情を表現し伝達する役割があるからです。英語のVO型は動詞を先に目的語や補語を説明として追加して表現する形であり、日本語のOV型は意見に関係する周囲の状況を述べた後で動詞で締めくくるという形です。動詞や助動詞に終止形があるという点が日本語を特徴づけています。

　重要な語を文の最初に置く語順は、古代ギリシャ語やラテン語のもつ屈折度の高さと関係しています。現在形と過去形の形が異なり、be動詞の変化が複雑であるなど、語形に文法的機能が含まれた単語は文のどの場所においても意味に変わりがなく語順は自由です。そうした中で現在のような文型が定着したと考えられます。

（石田美代子）

コラム㉝　地名と語順

　世界の地名には、その名付けの言葉の文法、特に語順が関わっている場合があります。アジアの地名でも、中心となる語よりも修飾する語が後ろに来ることがあります。マレー語でも名詞よりもそれを修飾する言葉の方が後ろに来ます。例えば、マレーシアのクアラルンプールは、kuala（川）lumpur（泥）から来ています。タイ語での「ナコンサワン」、すなわち、nakon（町）sawan（天国）なども同様の例です。

　ベトナムの場合、ちょっと特殊な事情があります。「ベトナム」自体がもともと「越南」という言葉から来ただけあって、「ハノイ」（河内）、「ディエンビエンフー」（鎮辺府）など漢語のものがいろいろあるからです。

（森山卓郎）

第4章　日本語の文法

13 敬語の分類

「尊敬・謙譲・丁寧」という三分類に対して、平成19年度文化審議会答申「敬語の指針」では、五分類が提案されています。

(1)「敬語の三分類」とは？

まず、三分類からまとめてみましょう。例えば、Xさんが、

[Aという人物がBという人物に連絡をする]

ということを、聞き手に伝えるとします。さまざまな敬意の関係によって、表現はさまざまに変わります。例えば、

AさんがBくんにお名前を連絡をなさる。

と言えば、主語の「Aさん」が高く待遇されることになります。「なさる」のような表現で、主語や持ち主を高めるのが尊敬語です。個別の語もあります。例えば「いらっしゃる」は尊敬語ですが、「行く、来る、いる」のすべてに対応するなど、意味に広がりがあるものもあります。

一方、謙譲語の場合、

AがBさんにご連絡する。

というように、動きの相手である「Bさん」が高く待遇されることにな

ります。「お耳に入れる」などの特別な言葉もあります。尊敬語も謙譲語も話題に登場する人物に対する敬語で、例えば独り言の中でも言うことができます（素材敬語と呼ばれることもあります）。

　丁寧語は言うまでもなく、聞き手に対する敬語で、「です、ます、でございます」などです。これは独り言では使えません（対者敬語と呼ばれることもあります）。丁寧な言葉遣いの基本です。丁寧語を使った文体を敬体、そうでない文体を常体と呼びます。

　丁寧語は「会います」のようにそれだけで使うこともできますが、それぞれ「AさんがBにお会いになります」「AがBさんにお会いします」のように、尊敬語や謙譲語に付加することもよくあります。

　なお、議論にもよるのですが、次に述べる美化語に当たる言葉、すなわち、「お湯」「お風呂」なども丁寧語の中に入れて整理する場合もありました。丁寧語には本当の意味で聞き手への敬意を表すというよりも、いわば品格を保持するという働きもあります。その点で、「お風呂」などのように、きれいな言葉として言う、次に述べる美化語も丁寧語に入れる議論もあるわけです。

(2) 敬語の五分類

　さらに、前述の三分類に加えて、美化語、丁重語（「謙譲語Ⅱ」とも）という敬語形式も含めた分類が五分類です。

　美化語とは、言葉を美しくいうという機能だけがある表現で、

　　おふろのお湯

の「おふろ」や「お湯」のような表現です。同じ「お〜」でも「お車」と「おふろ」は違うのです。文脈にもよりますが、ふつう「ふろ」「湯」と言えばやや乱暴に聞こえます。

　丁重語（謙譲語Ⅱ）とは、丁寧語と一緒に使われ、聞き手に対する敬意

を表すものです。例えば、

　　私たちが連絡致します。

などの「致す」の部分がこれに当たります。「ます」と一緒に使われることに注意して下さい。なお、専門的には丁重語という呼び方が普通ですが、従来は謙譲語に入っていましたので、「敬語の指針」では、「謙譲語Ⅱ（丁重語）」と呼んでいます。「謙譲語Ⅱ（丁重語）」に対して、従来の丁重語でない方の謙譲語は「謙譲語Ⅰ」と呼ばれます。
　この丁重語の注意点は、主語が一段下げた言い方になるということです。

　　お客様が致しますか。

のように言うと「お客様」を立てた表現にはならないので注意が必要です。

　　存ずる→存じます、申す→申します、おる→おります

などがこの「丁重語（謙譲語Ⅱ）」にあたります。このほか「弊社、拙著」なども聞き手に対して使い、主体が低く表現される点で丁重語に分類されます。

(3) そのほかの問題

　このような敬語ですが、まだ整理が必要なことは残っています。例えば「下さい」などはどういう扱いをすればいいのか、少し難しいところがあります。もとは「下され」という形ですから、尊敬語とも言えるのですが、文体としては「下さい」は丁寧語だとも位置づけられます。命

令文の場合、聞き手は同時に動作の主でもあるわけですから、その位置づけが難しくなるのです。また、「なさい」と「下さい」などは「くれる」という形が入るかどうかでずいぶん表現としての意味が違っています（森山卓郎（2008）「命令表現をめぐる敬語の体系―「敬語の指針と文法」―『日本語学』27-7）。

また、「～して下さい」のように何かを頼む場合、実際の会話では、「すみませんが、～していただけませんでしょうか」のように、前置きの表現を加えたり文型を変えたりすることが普通です。形としての敬語を使うだけではなく、様々なコミュニケーション上の配慮をすることが必要です。

（森山卓郎）

コラム 34　過剰敬語（二重敬語）とは？

　過剰敬語（二重敬語）とは「先生がお話になられる」のような形です。「先生がお話になる」にさらに「られる」などをつけた形になっています。ただし、実際の受け取り方は少し違うようで、気にならない、という人もいます。

　なお、「研究している」に対して、それぞれが敬語になった「研究なさっていらっしゃる」は、二重敬語とは言われません。それぞれ、「研究する」、「ている」という違った部分について尊敬語になっているからです。とはいえ、実際には少し重複感があるのも事実かもしれません。

　ちなみに、「研究なさっている」という「動詞（尊敬語）＋ている」と、「研究していらっしゃる」という「動詞＋ている（尊敬語）」という表現の両方がありますが、どちらも可能です（前者の方がよく使われているようです）。

（森山卓郎）

14 「寒くありません」?「寒くないです」?

　「寒くない」の丁寧語には「寒くありません」と「寒くないです」の二つがあります。どちらも正しい表現とされています（以前は「寒くないです」はいい表現ではないという議論もありました）。後者は「寒くない」に「です」をつけるだけなので、わかりやすい形と言えるかもしれません。ただ、形容詞はもともと「です」がつきにくいという背景があります。「寒いです」の「です」は「本です」の「です」とは働きが違うからです。これは「です」を「だ」に変えてみるとわかります。「本です」は「本だ」になりますが、「寒いです」は「寒いだ」にはなりません。「寒いです」の「です」には丁寧にするという働きしかなく、断定の意味はないのです。しかし、現在では、ほかに言いようもないので（「寒うございます」だと丁寧すぎます）、「寒いです」という表現は普通に使われています。ただし、否定にする場合には、「寒くないです」のほかに、「ない＋丁寧」を「ありません」で表現できるところから、「寒くありません」とも言えます。できるだけ「形容詞＋です」を避けるという点では「寒くありません」の方が洗練された表現になっていると言えます。ただし、過去の場合、「でした」を加え、「寒くありませんでした」とします。さらに「でしょう」を「寒くありませんでしたでしょうか」のようにさらに付加して使うこともあります。
　ちなみに、「行きませんでした」という形の代わりに、「行かなかったです」という表現も使われています。「です」という聞き手目当ての表現が、「行かなかった」という内容にそのままくっつくのだとすれば、表現の仕組みとして大変わかりやすくなっているとも言えます。

「ないです」と「ありません」に関連してよく話題になるのが、「とんでもない」の丁寧な形です。「とんでもない」を丁寧な形で言うような場合、「とんでもありません」「とんでもございません」といった表現は普通に使われています。例えば平成15年度の文化庁「国語に関する世論調査」では68%が問題ないとしています。

　しかし、本来はこれはちょっと問題がある表現とされていました。というのは「とんでもない」は「とんでも＋ない」という構成ではないからです。実はこの形容詞は、「とんでもない」全体で一つの形なのです。「なさけない」「せわしない」「つたない」などと同じく、「ない」は前の部分にくっついた形であって、形容詞の「ない」ではないのです。

　例えば、「情けない」「せわしない」「つまらない」などの表現を丁寧な形にした場合に、「なさけありません」「せわしありません」「つまらありません」、あるいは「なさけございません」「せわしございません」「つまらございません」のようには言いません。

　とは言うものの、実際のところ、前述のように、「とんでもない」に対する丁寧な表現として、「とんでもありません」は、かなり一般的な使い方となっています。「とんでもない」は相手とのやりとりで、例えば遠慮するときなど、丁寧な表現をする文脈で、強く否定するときなどによく使われます。その点で、丁寧な言い方がしたいという意識が強いのかもしれません。また、「〜でも」という形が含まれているので、「ない」が「ありません」に置き換えられるような独立した表現だという意識が働くとも言えます。そもそも、「とんでもない」という形を守って、「とんでもないことでございます」のような言い方をすると、なんだかもってまわったような形になるということも考えていいでしょう。

　問題があるような表現と言われてきた表現でも、現在では、丁寧な表現として許容されるようになっていると言えます。

（森山卓郎）

ブックガイド

　興味を持って下さった方のために、読みやすくためになると思われる参考文献を簡単にご紹介します。紙幅の都合もあり、一部しか取り上げられないのですが、ここに挙げたもの以外にもすばらしい本はたくさんあります。

■全般的なものやコミュニケーションに関わる新書、文庫

　　（著者アイウエオ順、以下同）

石綿敏雄　　　『日本語の中の外国語』岩波新書（1985）
井上史雄　　　『日本語ウォッチング』岩波新書（1998）
大野晋　　　　『日本語練習帳』岩波新書（1999）
菊地康人　　　『敬語』講談社学術文庫（1997）
北原保雄　　　『達人の日本語』文春文庫（2005）
北原保雄　　　『日本語の常識アラカルト』文春文庫（2011）
金水敏　　　　『ヴァーチャル日本語　役割語の謎』岩波書店（2003）
金田一春彦　　『日本語新版（上・下）』岩波新書（1988）
佐竹秀雄　　　『サタケさんの日本語教室』角川ソフィア文庫（2000）
定延利之　　　『日本語不思議図鑑』大修館書店（2006）
真田信治　　　『方言は気持ちを伝える』岩波ジュニア新書（2007）
森本順子　　　『日本語の謎を探る』筑摩新書（1996）
森山卓郎　　　『コミュニケーションの日本語』岩波ジュニア新書（2004）
山口仲美　　　『日本語の歴史』岩波新書（2006）
山口仲美　　　『日本語の古典』岩波新書（2011）

■全般的な概説書・入門書など

青木三郎　　　『ことばのエクササイズ』ひつじ書房（2002）
庵功雄　　　　『新しい日本語学入門』スリーエーネットワーク（2012）
伊坂淳一　　　『ここからはじまる日本語学』ひつじ書房（1997）
上山あゆみ　　『はじめての人の言語学』くろしお出版（1991）
大津由紀雄　　『探検！ことばの世界』ひつじ書房（2004）
大津由紀雄　　『ことばの宇宙への旅立ち（1）（2）（3）』ラボ国際交流セン

	ター(ひつじ書房)(2008-2010)	
大津由紀雄編	『はじめて学ぶ言語学』ミネルヴァ書房(2009)	
沖森卓也(他)	『図解　日本語』三省堂(2006)	
萩野網男	『現代日本語学入門』明治書院(2007)	
北原保雄	『概説 日本語』朝倉書店(1995)	
工藤浩(他)著	『改訂版　日本語要説』ひつじ書房(2008)	
野村剛史	『話し言葉の日本史』吉川弘文館(2010)	
町田健	『日本語のしくみがわかる本』研究社出版(2000)	
林巨樹(他)	『概説日本語学』(2007)	
藤田保幸	『緑の日本語学教本』和泉書院(2010)	
宮地裕編	『日本語要説』明治書院(1989)	
益岡隆志	『はじめて学ぶ日本語学』ミネルヴァ書房(2011)	
山口明穂(他)	『日本語の歴史』東京大学出版会(1997)	
山口尭二	『日本語学入門』昭和堂(2005)	
渡辺実	『日本語概説』岩波書店(1996)	

■トピック別

【音声関係】

窪薗晴夫	『音声学・音韻論』くろしお出版(1998)
杉藤美代子	『声に出して読もう』明治書院(2010)
杉藤美代子・森山卓郎	『音読・朗読入門』岩波書店(2007)

【文字・表記】

阿辻哲次	『漢字の文化史』日本放送出版協会(1994)
落合淳思	『甲骨文字に歴史をよむ』ちくま新書(2008)
円満字二郎	『漢和辞典に訊け!』ちくま新書(2008)
佐竹秀雄・佐竹久仁子	『ことばの表記の教科書』ベレ出版(2005)
白石良夫	『かなづかい入門』平凡社新書(2008)
白川静	『漢字百話』中公新書(1978)
築島裕	『歴史的仮名遣い―その成立と特徴』中公新書(1986)
屋名池誠	『横書き登場―日本語表記の近代』岩波新書(2003)

　講座として『朝倉漢字講座』朝倉書店もあります。

ブックガイド　　139

【語彙】
森田良行　　　『基礎日本語辞典』角川書店（1989『基礎日本語』という形で先に出ています）
前田富祺（編）　『日本語源大辞典』小学館（2005）
宮地裕（編）　『慣用句の意味と用法』明治書院（1982）
　講座として明治書院『日本語の語彙』もあります。

【文法】
天野みどり　　　『学びのエクササイズ　日本語文法』ひつじ書房（2008）
井上和子　　　　『日本文法小事典』大修館書店（1989）
野田尚史　　　　『はじめての人の日本語文法』くろしお出版（1991）
益岡隆志　　　　『24週日本語文法ツアー』くろしお出版（1993）
益岡隆志・田窪行則　『基礎日本語文法―改訂版―』くろしお出版（1992）
森山卓郎　　　　『表現を味わうための日本語文法』岩波書店（2002）
森山卓郎　　　　『ここからはじまる日本語文法』ひつじ書房（2000）
山田敏弘　　　　『国語教師が知っておきたい日本語文法』くろしお出版（2004）

　このほか、読みたい本として、三上章『象は鼻が長い』くろしお出版（1960）、寺村秀夫『日本語のシンタクスと意味Ⅰ・Ⅱ・Ⅲ』同（1982, 1984, 1991）があるほか、全般的な記述文法のまとめとして、日本語記述文法研究会編『現代日本語文法』（7巻）同（2011）もあります。

■専門用語・概念などを調べる辞典類
『日本語教育事典』（日本語教育学会編）大修館書店（2005）
『日本語教育ハンドブック』（日本語教育学会編）同（1990）
『国語学大辞典』（国語学会編）東京堂（1980）
『日本語学研究事典』（佐藤喜代治編）明治書院（2007）
『言語学大辞典』三省堂（最も大きな辞典です）
『言語科学の百科事典』（鈴木良次、畠山雄二他編）丸善（2006）
『オックスフォード言語学事典』（P. H. Matthews編）朝倉書店（2009）
『国語教育総合辞典』（日本国語教育学会編）朝倉書店（2011）
『計量国語学事典』（計量国語学会編）朝倉書店
『言語の事典』（中島平三編）同（2009）

■論文等を見る場合

　研究論文を見る場合などには、『国語年鑑』があります（2009年より電子化）。論説資料保存会『日本語学研究論説資料集』には多くの論文がまとめてあります。文献調査では、「日本語研究・日本語教育文献データベース」<http://www.ninjal.ac.jp/database/bunken/>も使えます。論文ではありませんが、方言関係では、日本言語地図、日本方言文法地図も参考になります。国立国語研究所HPで見ることができます<www6.ninjal.ac.jp>。近年、学術リポジトリ化も進んでいますので、インターネットのCiNiiも便利です。

■言葉の意味などを調べる場合の調べ方

　古典なども含めて調べる場合、『日本国語大辞典』小学館が最大の辞典で、大変参考になります（ただし、この「語源説」はいわゆる「説」を紹介しただけなので、注意が必要です）。

　歴史的なものとしては、『時代別国語辞典』の上代編、室町時代編が完成しています。『古語大鑑』東京大学出版会（2011）や『角川古語大辞典』（1999）もあります。中世ではキリシタンが作った『日葡辞書』もよく利用されます（ローマ字の方式に注意が必要です）。近世では『江戸時代語辞典』角川学芸出版（2008）、近代語では、ヘボン『和英語林集成（第三版）』講談社学術文庫などがあります。

　方言としては、徳川宗賢監修『日本方言大辞典』小学館（1989）、平山輝男他編『現代日本語方言大辞典』（全8巻、補巻1）明治書院があります。

　漢字や漢語の場合、大きな辞典としては諸橋轍次『大漢和辞典』大修館書店があります。中国の本ですが、『漢語大詞典』漢語大詞典出版社なども参考になります。ユニークな漢字学の集大成として白川静氏の『新訂 字統』平凡社（2004）。『新訂 字訓』同（2007）、『字通』同（1996）もあります。

■用例などの簡単な調べ方

　インターネットの検索で語形が一致するようにして調べれば、使用の数的傾向がわかります。用例を調べるには、国立国語研究所HPの「書き言葉均衡コーパス」が大変便利です（「少納言」は誰でもすぐに使えます）。「青空文庫」などで作品等を取り込んで検索をかける方法もあります。

執筆者紹介（50音順、*編者）・担当章

安部朋世（あべ ともよ）

  千葉大学教育学部教授

  『大学生のための日本語表現トレーニング　ドリル編』（共編、2010年、三省堂）、「副詞セイゼイと類似表現の考察」（『千葉大学教育学部研究紀要』第60巻、2012年）

  4章 7, 8

石田美代子（いしだ みよこ）

  大阪府立大学工業高等専門学校名誉教授

  『日本語教育研究　第二シリーズ　日本語の特徴』（1986年、大学婦人協会京都支部）、「なるほど！多言語講座」（『日本語教育新聞』連載、2003年 –2010年、）

  1章 4　3章 5, 6, 7, 8　4章 12

川端元子（かわばた もとこ）

  愛知工業大学基礎教育センター教授

  『日本語の構造変化と文法化』（共著、2007年、ひつじ書房）、『語彙力・表現力一問一答』（2011年、産業能率大学出版）

  1章 5, 6　コラム 1, 2, 4, 20

日高水穂（ひだか みずほ）

  関西大学文学部教授

  『授与動詞の対照方言学的研究』（2007年、ひつじ書房）、『方言学入門』（共著、2013年、三省堂）

  コラム 12, 23, 29, 30, 31, 32

松崎史周（まつざき ふみちか）

 国士舘大学文学部准教授

 『論理的思考を鍛える国語科授業方略【中学校編】』（共著、2012年、渓水社）、「論理的表現力育成につながる語彙の指導」（『月刊国語教育研究』592号、2021年）、「中学生の作文における「主述の不具合」の出現状況」（『国士舘人文学』12号、2022年）

 2章 13, 14　3章 11　4章 3, 11　コラム 19

＊**森山卓郎**（もりやま たくろう）

 早稲田大学文学学術院教授

 『ここからはじまる日本文法』（2000、ひつじ書房）、『コミュニケーションの日本語』（2004、岩波書店）

 1章 1, 2, 3　2章 1, 2, 3, 4, 5, 6, 7, 8, 11, 12　3章 1, 2, 3, 4　4章 1, 2, 4, 5, 6, 9, 10, 13, 14

 コラム 3, 5, 6, 7, 8, 9, 10, 11, 13, 14, 15, 16, 21, 22, 24, 25, 26, 27, 28, 33, 34

矢澤真人（やざわ まこと）

 筑波大学人文社会系教授

 『日本語の文法Ⅰ　文の骨格』（共著、2000年、岩波書店）、『現代日本語文法　現象と理論のインタラクション』（共編、2006年、ひつじ書房）

 2章 9, 10　3章 9, 10　コラム 17, 18

日本語・国語の話題ネタ
実は知りたかった日本語のあれこれ

発行	2012年6月20日　初版1刷
	2022年9月12日　　　3刷
定価	1600円＋税
編者	ⓒ 森山卓郎
発行者	松本 功
装幀	大熊 肇
印刷・製本所	株式会社 シナノ
発行所	株式会社 ひつじ書房
	〒112-0011 東京都文京区千石2-1-2 大和ビル2階
	Tel.03-5319-4916　Fax.03-5319-4917
	郵便振替 00120-8-142852
	toiawase@hituzi.co.jp　https://www.hituzi.co.jp

ISBN978-4-89476-541-2

造本には充分注意しておりますが、落丁・乱丁などがございましたら、小社かお買上げ書店にておとりかえいたします。ご意見、ご感想など、小社までお寄せ下されば幸いです。